Titus Knauer

Untersuchungen über den Marktpreis des Heues und dessen Verwendbarkeit

Titus Knauer

Untersuchungen über den Marktpreis des Heues und dessen Verwendbarkeit

ISBN/EAN: 9783743326286

Hergestellt in Europa, USA, Kanada, Australien, Japan

Cover: Foto ©ninafisch / pixelio.de

Manufactured and distributed by brebook publishing software
(www.brebook.com)

Titus Knauer

Untersuchungen über den Marktpreis des Heues und dessen Verwendbarkeit

Untersuchungen
über den Marktpreis des Heues und dessen Verwendbarkeit zu landwirtschaftlichen Veranschlagungen.

Inaugural-Dissertation

einer

hohen philosophischen Fakultät der Universität Jena

vorgelegt

zur Erlangung der Doktorwürde

von

Titus Knauer
aus Schwoitsch bei Gröbers, Provinz Sachsen.

Jena,
Frommannsche Buchdruckerei
(Hermann Pohle)
1889.

Google

Einleitung.

Berechnungen über die Rentabilität des landwirtschaftlichen Betriebes im ganzen und seiner einzelnen Zweige sind von größter Wichtigkeit, nicht nur für jeden Landwirt, sondern auch für die Landwirtschaft im ganzen und für die Fortbildung der Landwirtschaftslehre. Die größte Schwierigkeit für derartige Rechnungen liegt immer in der **Wertsbemessung derjenigen in der Wirtschaft erzeugten und wieder verbrauchten Produkte, welche gar nicht oder doch nur in verhältnismäßig sehr geringen Mengen zum Verkauf gelangen, deren etwaiger Marktpreis daher nicht ohne weiteres für ihren landwirtschaftlichen Wert als maßgebend betrachtet werden kann.** Es sind dies die sogenannten marktlosen oder nicht marktgängigen Erzeugnisse, wie Dünger, Grünfutter, Heu, Stroh u. s. w. Für die ganze landwirtschaftliche Veranschlagungslehre ist es eins der wichtigsten, aber auch der schwierigsten Probleme, ob und inwieweit der Marktpreis jener Produkte landwirtschaftlichen Berechnungen zu Grunde gelegt werden kann, oder welcher Geldwert für den Fall, daß der Marktpreis sich als unbrauchbar erweisen sollte, an dessen Stelle zu setzen ist.

Alb. Thaer schlug vor, die Werte aller der Erzeugnisse, welche, ohne einen bestimmten Marktpreis zu haben, in der eigenen Wirtschaft verwertet würden, auf ihren Futterwert zu prüfen und diesen zu vergleichen mit dem Nähreffekt von 1 Ctr. mittelgutem Wiesenheu. Da aber Thaer und seine Anhänger noch nichts von der chemischen Zusammensetzung der Futtermittel und deren Einfluß auf den Wert wußten, so waren sie einzig und allein auf Beobachtungen und praktische Erfahrungen angewiesen. Wie unsicher aber die dadurch erzielten Resultate waren, das beweisen die von Thaer und seinen Anhängern aufgestellten Tabellen, welche angaben, wie viel von den verschiedenen Produkten im Futterwerte 50 kg Wiesenheu gleich zu schätzen seien.

Nach Thaer[1]) sind 50 kg Wiesenheu gleich:

Kartoffeln	100 kg
Runkelrüben mit Blättern	230 „
Wasserrüben	262,5 „
Möhren	133 „
Weißkohl	300 „
Kleeheu, in der Blüte gemäht	45 „
Wickenheu	45 „
Luzerne und Esparsette	45 „

Es ist somit aus der Tabelle ersichtlich, daß Thaer den 50 kg Wiesenheu 230 kg Runkelrüben mit Blättern gleich erachtete, während Pabst[2]) und Weckherlin[3]) nur 135 bis 150 kg und Block[4]) 130 kg einschätzte. Auch erachtete letzterer 50 kg gutes Wiesenheu gleichwertig mit 100 kg gutem Sommerstroh und ebenso vielem Winterstroh, während andere behaupten, 50 kg Kleeheu seien 100 kg Haferstroh oder 150 kg Roggenstroh gleich zu setzen, wogegen Schmalz[5]) bei denselben Voraussetzungen 200 kg Sommerstroh berechnet.

---

1) A. Thaer, Grundsätze der rationellen Landwirtschaft. Berlin, 1809. Bd. I, S. 275.
2) Pabst, Lehrbuch der Landwirtschaft (2. B.): „Tierproduktionslehre". Darmstadt, 1854, S. 37 fg.)
3) A. v. Weckherlin, Tierproduktion. (Stuttgart und Tübingen, 1851, Bd. I, S. 175 u. fg.)
4) Albrecht Block, Mitteilungen landwirtschaftlicher Erfahrungen, Ansichten und Grundsätze. (Breslau, 1830, Bd. I, S. 279 u. fg. Mit 100 Pfund Roggenkörnern verglichen, also durch Roggenwerte.)
5) Fr. Schmalz, „Erfahrungen im Gebiete der Landwirtschaft". (Leipzig. 1814, I. Bd., S. 56.)

Pabst, welchem die Bezeichnung »mittelgutes Wiesenheu« als Maßstab und Reduktionsvermittler zu unsicher erschien, definierte diesen Begriff dahin, daß das Heu, welches er als Maßstab anwandte, gewöhnlichem Heu von Rotklee gleich zu achten wäre, welcher in der vollen Blüte gemäht und gut geworden sei. Außerdem müßten 112 kg von diesem Heu im Futterwerte gleich 50 kg guten Roggenkörnern sein.

Aus der von Thaer angeführten Aufstellung kann man aber erkennen, daß derselbe dem von Pabst bezeichneten Rotkleeheu einen höheren Futterwert beimißt als dem mittleren Wiesenheu.

Aus diesen wenigen Angaben ersehen wir, daß sich die Autoren solcher Tabellen nicht einigen konnten, wie viel von den zu schätzenden Produkten 50 kg Wiesenheu gleich zu erachten sei.

Der Grund hiervon ist wohl in der Unbestimmtheit, welche dem Sammelbegriff Heu anhaftet, zu suchen, man verließ deshalb die Heuwertstheorie.

Thaer, nach ihm Block und andere mehr ruhten aber nicht und schlugen vor, als Grundlage zu landwirtschaftlichen Berechnungen Roggenwerte zu verwenden, durch welche das, was man erstrebte, schon viel besser erreicht wurde.

Der Roggen war ja von jeher, wie auch heute noch, eine der Hauptfrüchte für ganz Deutschland, denn die Statistik von 1883 weist nach, daß noch jetzt 22 % der ganzen Ackerfläche mit dieser Frucht bestellt werden. Außerdem ist 50 kg Roggen ein ziemlich gleichmäßig feststehender Begriff, dessen Gebrauchswert, ob in Nord, Süd, Ost oder West, zu ein und derselben oder verschiedener Zeit, nur geringen Schwankungen unterworfen ist, wenn auch Unterschiede in der Feinheit des Mehles, der Backfähigkeit und in der Dicke der Schalen konstatiert werden können.

Ferner ist es möglich, nachzuweisen, daß der Roggen, obgleich er stets marktgängig ist, weil er hauptsächlich zur Nahrung der Menschen dient, doch auch als Futtermittel für die Tiere verwendet wird, und daß daher zwischen ihm und den marktlosen Produkten ein gewisser Zusammenhang existiert.

Wohl an 50 Jahre hat man mit solchen Roggenwerten gerechnet [1]). Man ging aber von der Naturalwirtschaft immer mehr zur Geldwirtschaft über. Deshalb ließ man die Roggenwerte nach und nach fallen, um sich mehr der Berechnung nach Geldwerten zuzuwenden.

Von Thaer bis in die Neuzeit sind immer einige Autoren gewesen, welche vorschlugen, Produktionskosten-Berechnungen anzustellen zur Wertbemessung der landwirtschaftlichen Erzeugnisse, und es wurde mancher interessante Versuch gemacht, solche Berechnungen durchzuführen.

So z. B. nimmt Drechsler[2]), um den sog. Erzeugungspreis von 100 kg Heu zu berechnen, beispielsweise den durchschnittlichen Ertrag der zu einer Wirtschaft gehörigen Wiesen pro Hektar zu 6000 kg Heu und Grummet an und stellt dann folgende Kostenberechnung auf:

1. Für Reinigen, Düngen (Kompost) und Wässern 10 M.
2. Ernteunkosten 45 „
3. Pacht (oder Zinsen vom Geldwerte des Bodens) 100 „
4. Grundsteuer 5 „
5. Anteil an den gemeinsamen Ausgaben 35 „

Summa 195 M.

Der Erzeugungspreis für 100 kg Heu beträgt hiernach 3,25 M. — Dieses Resultat ist unstreitig durch viele willkürliche Annahmen erzielt worden, denn es ist ebenso gut möglich, daß Posten 1 wegen der Düngung zu niedrig veranschlagt ist. Bei Posten 3 konnte Drechsler auch nur 60, 80 oder umgekehrt 120, 140 M. und mehr annehmen, woraus ersichtlich ist, daß dann 100 kg Heu nicht unerheblich niedriger oder höher zu stehen kommen. In etwas können auch die Erntekosten schwanken wegen der zu schätzenden Gespannarbeiten; ferner ist der Anteil an den gemeinsamen

---

1) v. d. Goltz, „Landw. Taxationslehre". Berlin, 1882.
2) Drechsler, „Preisbestimmung der in der Landwirtschaft erzeugten und wieder verbrauchten Produkte". Journal für Landwirtschaft, Berlin, J. 30, 1882, S. 64—65.

Ausgaben auch nur durch ganz ungefähre Abschätzung festzustellen. Daraus ergiebt sich, daß das Resultat auf zu unsicherer Grundlage steht.

Liebscher kritisiert in seiner Abhandlung [1]) mehrere Produktionskostenrechnungen und kommt zu dem Schluß, daß solche Berechnungen sowohl für die Futtermittel, als auch für den Dünger sehr große Schwierigkeiten bieten, weil wir dabei Werte brauchen, die nicht ohne weiteres zur Verfügung stehen.

So setzten sich z. B. die Futterproduktionskosten zusammen aus: a) baren Auslagen, b) Spannarbeiten, c) Dungkraftsbenutzung.

Man kann aber dort, wo für die Futtermittel keine Preise existieren, die Spannarbeit nicht berechnen, und ist der Dünger, sowie der Teil, welcher davon zur Erzeugung der Futtermittel notwendig war, ebenfalls nicht zu bewerten. Daraus ist aber leicht ersichtlich, daß die bisher in diesem Sinne ausgeführten Produktionskosten-Berechnungen auf Genauigkeit keinen Anspruch machen können.

Ferner hat auch R. Bloeck [2]) nachgewiesen, daß man für die landwirtschaftlichen Produkte eine genaue Wertbestimmung durch Berechnung der Produktionskosten nicht ebenso durchführen kann, wie bei industriellen Erzeugnissen, weil die Anzahl der hierbei in Rechnung zu ziehenden Momente eine sehr große und jedes einzelne sehr wenig sicher zu bestimmen ist.

Aus dem Gesagten geht zur Genüge hervor, daß naturgemäß alle Rechnungen dieser Art sehr unsicher und anfechtbar sind. Somit haben sie für die Allgemeinheit wenig Bedeutung, obgleich sie zur oberflächlichen Orientierung des Einzelnen ganz gut verwendbar und nützlich sein können.

---

[1]) Liebscher, Journal für Landwirtschaft, Berlin, J. 32, S. 118 u. f.: „Wertschätzung der in der Landwirtschaft erzeugten und wieder vorbrauchten Produkte".

[2]) Dr. Bloeck, „Untersuchungen über die Produktionskosten der Getreidekörner". Jena, 1888.

Andere Vorschläge zur Ermittelung der Werte der landwirtschaftlichen Erzeugnisse gehen darauf hinaus, ihre Verwertungspreise zu ermitteln, d. h. festzustellen, wie viel marktgängige Produkte aus einem bestimmten Quantum Futter bei der Verwertung in der eigenen Wirtschaft erzielt werden können, um dann die Summe der für die verkauften Produkte erlangten Preise durch die Anzahl der Gewichtseinheiten zu dividieren.

Diese Berechnungen führen schon aus dem Grunde nicht zum richtigen Ziele, weil auch der durch das verabreichte Futterquantum erzeugte Dünger mit zu den Einnahmen zu rechnen ist, und die Feststellung seines Wertes ebenfalls große Schwierigkeiten bereitet, wobei Ungenauigkeiten kaum zu vermeiden sind.

Liebscher[1]) sagt hierüber: »Die moderne Ernährungslehre hat die vollständige Unmöglichkeit eines absoluten Verwertungspreises für jedes einzelne gereichte Futtermittel so zur Evidenz bewiesen, daß an dieselbe nicht mehr gedacht werden kann.«

Eine viel höhere Beachtung als die bis jetzt erwähnten Bewertungsmethoden verdienen die Vorschläge, welche erstreben, Durchschnittsmarktpreise bei landwirtschaftlichen Berechnungen zu Grunde zu legen. Um diese in Anwendung bringen zu können, ist es allerdings notwendig, daß ein innerer Zusammenhang in den Werten aller in Frage kommenden Erzeugnisse vorhanden und damit ein Vergleich dieser Werte möglich ist.

Die große Zahl der neueren hierauf gerichteten Vorschläge zeigt uns, daß etwas absolut Gutes nicht besteht. Es kommt deshalb nur darauf an, das relativ Beste herauszufinden und anzuwenden. Wir können nun unter all den Vorschlägen zur Verwendung der Marktpreise zwei Hauptrichtungen unterscheiden:

1) diejenige, welche Durchschnittsmarktpreise des Rog-

---

1) Journal für Landwirtschaft, Berlin, J. 32, 1884, S. 117.

gens von 10—20 Jahren bei landwirtschaftlichen Berechnungen angewendet wissen will [1]), und

2) diejenige, welche die Durchschnittsmarktpreise des Heues in Anwendung bringt. Daß durch die Verwendung der Marktpreise des Roggens Resultate erzielt werden können, welche für die Praxis verwendbar sind, hat von Seelhorst [2]) nachgewiesen.

In Nachstehendem soll nun versucht werden, zu ermitteln, ob der Marktpreis des Heues zur Bestimmung des Geldwertes der marktlosen Futtermittel geeignet ist oder nicht. Für die Verwendbarkeit desselben haben sich u. a. erklärt: Adolf Krämer in seinem Werke: »Die Buchhaltung des Landwirts« (zweite, gänzlich umgearbeitete Auflage, Bonn, 1884), und nach ihm Julius Kühn in seinem Werke: »Die zweckmäßigste Ernährung des Rindviehes« (neunte, vermehrte und verbesserte Auflage, Dresden, 1887).

Zu diesem Zwecke soll festgestellt werden:

I. **Das Verhalten der Marktpreise des Heues untereinander und gegenüber den Preisen der marktgängigen Produkte: Rindfleisch, Butter, Hafer, Roggen und käufliche Futtermittel.**

II. **Die Ursachen, welche für Gestaltung der Marktpreise des Heues maßgebend sind.**

III. **Ergebnis aus den Untersuchungen von I u. II.**

---

[1] von der Goltz, „Landwirtschaftliche Taxationslehre", Berlin, 1882.
[2] von Seelhorst, „Der Roggen als Wertmaß für landwirtschaftliche Berechnungen".

I. Das Verhalten der Marktpreise des Heues gegenüber den Preisen der marktgängigen Produkte: Rindfleisch, Butter, Hafer, Roggen und käufliche Futtermittel.

Die Erörterungen in der Einleitung ließen erkennen, daß die Bewertung der marktlosen Futtermittel sowohl nach Produktionskosten, wie nach ihrem Verwertungspreise nicht die genügenden Resultate gab, wie man sie zu jedem genaueren landwirtschaftlichen Voranschlag und zu jeder Rentabilitätsberechnung gebraucht. Trotzdem kann man auf solche Rechnungen nicht verzichten; denn zu jeder Zeit muß sich ein Landwirt Rechenschaft geben können über die beiden Hauptzweige seines Betriebes, Ackerbau und Viehzucht, im ganzen wie auch über die einzelnen Teile derselben, ebenso über die Unkosten, welche die Haltung des Zugviehes verursacht u. a. m. Keine dieser Berechnungen ist durchführbar, ohne irgend welche Wertsäquivalente für die marktlosen Produkte einzusetzen, und so entsteht die so wichtige Frage: Welchen Geldwert haben sie?

Daß auch ihr Wert (gerade wie die Preise der marktgängigen Produkte, durch Angebot und Nachfrage) eigentlich von der Häufigkeit ihres Vorkommens mehr oder weniger stark beeinflußt wird und außerdem abhängt von der diesen Gütern anhaftenden größeren oder geringeren Gebrauchsfähigkeit, d. h. von der ihnen eigenen Befähigung, wirtschaftliche Bedürfnisse zu befriedigen, ist selbstverständlich.

Adam Smith, geb. 1723, gest. 1790, sagt in dem

ersten Buche seines Werkes [1]), in welchem er seine Ansichten über die Regulierung der Marktpreise niedergelegt hat, die im Marktverkehr erzielten Preise müßten mindestens so hoch sein, daß sie die in Betracht kommenden Unkosten decken, welche zur Erzeugung und Zubereitung, wie auch zum Markttransport der Ware absolut verwendet werden mußten. Es seien dies: die Grundrente, der Lohn für alle notwendig angewendete Arbeit und der Gewinn des Kapitals.

Smith nennt ein Äquivalent, welches diese Bedingungen erfüllt, den natürlichen Preis der Ware [2]) und behauptet, daß der Marktverkehr danach hinstrebt, den natürlichen Preis für alle Waren zu finden. Deshalb könnten die Marktpreise niemals lange höher, als der natürliche Preis ist, stehen, aber sich auch niemals lange gegenteilig verhalten, weil Angebot und Nachfrage sofort regulierend einwirken würden.

Bezüglich des Marktpreises des Heues stehen sich nun, wie schon erwähnt, zwei Ansichten gegenüber.

von der Goltz [3]) und andere Autoren behaupten, der Marktpreis des Heues und des Strohes sei fast ohne Ausnahme höher als ihr Gebrauchswert, weil stets weniger zum Verkauf angeboten würde, als wirklich vorhanden ist.

Krämer [4]) und nach ihm J. Kühn behaupten dagegen, die Marktpreise des Heues entsprächen den Marktpreisen der marktgängigen Produkte, weil sie gerade so gebildet würden und entständen, wie jene. Der Grund, daß nicht so viel Heu angeboten würde, liege darin, daß Menge und Preis der zu Markte gebrachten Erzeugnisse nicht allein von der Konkurrenz der Käufer, sondern auch von der Verwertung am Produktionsorte abhänge, diese Verwertung aber in der eigenen Wirtschaft einen sicherern Erlös gewähre als der Umsatz zum Marktpreise. Die Konsequenz aus diesem Verhältnis könne deshalb nicht die Behauptung ergeben,

---

1) Adam Smith, „Untersuchungen über das Wesen und die Ursachen des Volkswohlstandes", übersetzt von F. Stöpel, Berlin 1878.
2) u. a. a. O. S. 77.
3) von der Goltz, Taxationslehre, Berlin, 1882.
4) Krämer, „Die Buchhaltung des Landwirts" (Bonn, 1881) S. 53 u. folg.

daß der Marktpreis des Heues höher sei als sein Gebrauchswert.

Schließen wir uns Krämer und Kühn an und prüfen wir die Verwendbarkeit der Marktpreise des Heues zu landwirtschaftlichen Berechnungen genau in der Weise, wie es diese beiden Autoren in ihren Werken gethan haben, so muß man zugeben, daß kaum eine einfachere Methode gedacht werden mag, um Werte für die marktlosen Futtermittel zu erhalten, deren Berechnung von den meisten praktischen Landwirten relativ leicht ausgeführt werden kann.

Viel schwieriger und komplizierter werden die Wertbemessungen, wenn man den Marktpreisen des Heues die Eigenschaft abspricht, als Maßstab für die Ermittelung der Werte der marktlosen Produkte dienen zu können.

Deshalb muß man ihnen von vornherein eine gewisse Berechtigung zugestehen, wenn sie zur Orientierung über einige Preisverhältnisse benutzt werden. Ob aber ihre Verwendung als Grundlage zu wichtigeren Berechnungen oder zur Bestimmung der Werte, welche für die verschiedensten Erzeugnisse zu Grunde gelegt werden sollen, berechtigt ist, das wird das Endergebnis der nachstehenden Untersuchungen zeigen.

Da die in der Einleitung angeführten Rechnungsmethoden alle mehr oder weniger direkt aufs Ziel losgehen und, wie wir sahen, nicht genügend befriedigende Resultate ergaben, wollen wir nun einen anderen Weg einschlagen und versuchen, ob wir nicht auf indirekte Weise tauglichere Ergebnisse erlangen.

Zu diesem Zwecke wollen wir untersuchen, **wie sich die Marktpreise des Heues verhalten zu den Preisen der marktgängigen Produkte: Rindfleisch, Butter, Hafer, Roggen und käufliche Futtermittel.**

Rindfleisch und Butter sind Erzeugnisse, welche man durch die Verfütterung des Heues an Rindvieh erzielen kann. Deshalb stehen beide in engem Zusammenhange mit dem Heu und wird natürlicherweise das Heu um so höher verwertet, je höher die Preise dieser beiden sehr marktgängigen Produkte stehen, und umgekehrt. Man kann daher den berechtigten Anspruch erheben, daß der Marktpreis des Heues, wenn dasselbe landwirtschaftlichen Berechnungen zu Grunde gelegt werden soll, einigermaßen parallel gehen muß mit den Preisen, welche für Rindfleisch und Butter gezahlt werden. Denn die Düngermengen, welche nebenbei produziert werden, sind voraussichtlich von einem Zentner mittelgutem Heu fast genau ebenso groß, wie von einem anderen Zentner Heu, wenn beide einen gleichen Gehalt an Trockensubstanz haben. Ähnlich müßten sich auch die Preise für Hafer, Roggen und Handelsfuttermittel zu den Marktpreisen des Heues verhalten, denn gerade diese 3 Produkte kämen, außer Stroh- und Wurzelfrüchten, in erster Linie in Betracht, sofern und soweit bei der Ernährung des Rindviehes neben dem Heu noch andere Futtermittel gereicht werden.

Sollte sich aber aus den Untersuchungen über das Verhalten der Marktpreise untereinander ergeben, daß die Preise der marktgängigen Produkte sich abweichend von denen des Heues verhalten, so werden wir vor die Frage gestellt sein, ob vielleicht heute ein Zentner Heu höher oder niedriger verwertet wird als zu irgend welcher anderen Zeit. Es ist aber kaum anzunehmen, daß der Gebrauchswert eines Zentners mittelguten Wiesenheues derselben Qualität jetzt und hier ein anderer sei als an irgend einem anderen Orte zu derselben oder zu irgend einer anderen Zeit, d. h. man wird im Durchschnitt bei der Verwendung von 1 Ztr. Wiesenheu mittlerer Qualität an allen Orten und zu allen Zeiten ungefähr gleichviel tierische Produkte auf 1000 Pfd. Lebendgewicht erzielen, wenn wir es auch nicht wissen und nicht bemessen können, wie groß die Menge ist.

Über die Höhe der Preise der **Handelsfuttermittel** sind leider bis jetzt noch keine Zusammenstellungen vorhanden, welche ein größeres Gebiet und einen längeren Zeitraum umfassen, und sind daher die Grundlagen nur unvollständig. Deshalb bringe ich einige wenige Preisnotizen gleich hier vor der Besprechung der anderen Preise, um dadurch die Übersichtlichkeit später nicht zu beeinträchtigen.

von Seelhorst[1]) hat drei Tabellen angeführt, welche hinreichend sind, um allgemeinere Schlüsse über das Verhalten der Preise der Handelsfuttermittel zu den Marktpreisen des Roggens ziehen zu können.

Die 1. Tabelle enthält die Preise von Roggen und Futtermitteln in Hannover von 1875—79 und von 1883—87.

1 Ztr.	Roggen	Weizen	Kleie Roggen	Raps- u. Erdnufskuchen	
1875	8,50 M.	5,00 M.	5,25 M.	8,00 M.	9,00 M.
1876	9,00	5,00	5,25	8,00	9,00
1877	9,20	4,90	5,25	8,50	9,00
1878	7,55	5,50	5,55	8,00	8,00
1879	7,45	4,40	4,50	8,00	8,00
1883	7,55	4,80	4,90	7,60	8,20
1884	7,55	5,10	5,30	7,10	7,90
1885	7,55	4,60	4,70	6,70	7,40
1886		4,40	4,60	6,60	6,80
1887		4,10	4,00	6,40	7,00
1875—1885 Mittel:		4,90	5,10	7,75	8,30

Setzt man nun die Preise von 1875 = 100, so ergiebt sich:

1 Ztr.	Roggen	Weizen	Kleie Roggen	Raps- u. Erdnufskuchen	
1875	100,0 %	100,0 %	100,0 %	100,0 %	100,0 %
1876	105,9	100,0	100,0	100,0	100,0
1877	108,2	96,0	100,0	106,1	100,0
1878	88,8	110,0	105,7	100,0	88,8
1879	87,7	88,0	85,7	103,0	88,8
1883	88,8	96,0	93,3	95,0	91,1
1884	88,8	102,0	101,0	88,8	87,7
1885	88,8	92,0	89,5	83,8	82,2
1886		88,0	87,7	82,5	75,5
1887		82,0	76,7	80,0	77,7

---

1) von Seelhorst, „Der Roggen als Wertmaſs für landwirtschaftliche Berechnungen". Jena, 1888, S. 22 u. f.

2. Preise von Futtermitteln, welche auf einem Gute der Provinz Sachsen 1875—86 gezahlt wurden [1]).

	Roggen	Maiskeime	Ölkuchen	Palmkern-kuchen	Kokoskuchen	Erdnuss-kuchen	Mais	Roggenkleie
				100 kg kosten Mark				
1875	17,6	9,5	—	13,2	18,2	—	14,9	—
1876	18,4	10,7	16,5	12,4	17,2	17,6	14,0	13,0
1877	18,5	10,6	15,4	11,3	17,0	17,8	12,8	12,5
1878	14,8	9,9	14,2	11,6	16,5	17,8	11,45	9,2
1879	15,2	9,7	13,2	9,7	15,5	—	12,0	8,8
1880	20,1	9,5	13,5	12,3	14,0	17,2	13,6	11,5
1881	20,8	9,4	14,0	13,6	16,6	16,7	13,8	12,4
1882	16,5	16,1	15,6	15,2	14,0	17,5	15,8	10,8
1883	15,1	10,0	16,3	13,0	13,8	16,0	14,3	10,8
1884	15,3	9,9	13,0	12,6	14,2	17,2	13,5	11,1
1885	14,7	8,7	12,2	12,2	14,2	14,2	12,5	10,0
1886	—	8,7	12,2	10,9	14,2	14,2	12,8	9,5
1875—86	—	9,89	14,36	12,45	15,8	16,6	13,5	11,0

Setzt man nun die Preise von 1875 = 100, so ergiebt sich:

100,0	100,0	—	100,0	100,0	—	100,0	—
104,5	112,6	100,0	93,9	94,5	100,0	94,0	100,0
105,1	111,6	93,3	85,6	93,4	100,0	85,9	96,1
84,1	104,2	86,1	87,8	96,8	100,0	76,8	76,8
86,3	102,1	80,0	73,5	85,2	—	80,5	67,7
114,2	100,0	81,8	92,4	72,4	96,6	91,3	88,5
118,2	99,0	84,8	103,0	87,9	94,8	92,7	95,4
93,8	106,7	94,5	112,5	77,4	98,3	106,5	83,1
85,8	105,3	97,0	98,5	75,8	89,9	95,9	81,5
86,9	104,2	78,8	95,5	78,6	96,6	90,6	85,4
83,5	90,6	73,9	92,4	78,6	78,8	83,8	84,6
—	91,6	73,9	82,5	78,6	79,8	82,6	73,1

---

[1]) Die betreffende Wirtschaft gehört Herrn Ökonomierat F. Knauer, Gröbers, dem Vater des Verfassers.

3. Futtermittelpreise einer Großhandlung J. F. Lahne in Magdeburg, in Mark pro 1 Zentner und die Preise von 1876 = 100 ges.

	Roggen	Rapsk.	Baumwolls.	Erdnufsk.	Kokosk.	Palmk.
1876	9,20 = 100,0	8,30 = 100,0			8,25 = 100,0	6,70 = 100,0
1877	9,25 = 100,5	8,20 = 98,8			8,25 = 100,0	6,80 = 101,5
1878	7,40 = 80,4	8,06 = 96,4			8,00 = 96,6	6,00 = 89,6
1879	7,60 = 82,6	7,25 = 87,3			6,90 = 83,6	4.60 = 68,6
1880	10,05 = 109,2	7,10 = 85.5	8,50 = 100,0	8,25 = 100,0	7,00 = 84,8	6,00 = 89,6
1881	10,40 = 113,0	7,46 = 89,1	8,65 = 101,9	8,25 = 100,0	7,75 = 93,9	6.50 = 97,6
1882	8,25 = 89,7	7,65 = 92,2	8,60 = 101,1	8,40 = 101,8	6.90 = 83,6	6.15 = 91,8
1883	7,60 = 82,6	7,56 = 90,4	7,45 = 87,6	7.50 = 90.9	7,00 = 84.8	6,20 = 92,5
1884	7,65 = 83,1	7,15 = 86,1	7,25 = 85,3	7,50 = 90.9	7.10 = 86,0	6,40 = 95,5
1885	7,36 = 80,0	6,70 = 80,7	7,25 = 85,3	6,86 = 83,1	6,15 = 74,5	5.90 = 88,0
1886		6,00 = 72,3	6,30 = 74,1	6,40 = 77,6	5,90 = 71,4	5,20 = 77,6
1887		6,20 = 74,7	6,40 = 75,3	6,30 = 76,4	5,90 = 71,4	4.90 = 73,1

Aus diesen Zusammenstellungen geht hervor, daß die Preise der konzentrierten Futtermittel im allgemeinen der Preisbewegung des Roggens nicht nur gefolgt sind, sondern daß sie sogar in den letzten Jahren zum Teil einen noch größeren Preisrückgang als der Roggen erfahren haben.

Für vorliegenden Zweck aber können sicherlich nunmehr die Handelsfuttermittel aus den folgenden Tabellen weggelassen werden, denn da ihre Preise gewissermaßen von den höheren oder niederen Preisen des Roggens beeinflußt werden, wird es nur notwendig sein, die Schwankungen der Roggenpreise mit denen der Heupreise zu vergleichen, um Rückschlüsse auf das Verhalten der Preise der konzentrierten Futtermittel ziehen zu können.

Fragt man nun: in welchem Sinne, für welche Fläche und für welche Zeiträume sind die Untersuchungen über das Verhalten der Preise von Heu zu Rindfleisch, Butter, Hafer und Roggen anzustellen, so lauten die Antworten:

1) Um zu erfahren, ob die Durchschnittspreise von einem längeren Zeitraume und größerer Fläche vielleicht zu landwirtschaftlichen Berechnungen tauglich sind, sollen die Preise der genannten 5 Produkte während der 60 resp. 65 Jahre von 1821—80 und 85 für Preußen (alten Bestandes) mitein-

ander verglichen und die Resultate durch eine graphische Darstellung kenntlich gemacht werden.

2) Soll das Verhalten der Preise der 5 Produkte für einzelne Provinzen Preußens beleuchtet werden.

3) Soll das Verhalten der Preise von 10 Jahren innerhalb eines Regierungsbezirkes (Prov. Sachsen, Reg.-Bez. Merseburg) ermittelt und durch Kurven veranschaulicht werden.

4) Sollen die Preisschwankungen in drei aufeinanderfolgenden Jahren innerhalb Preußens (jetzigen Bestandes) nach einzelnen Provinzen vorgeführt werden.

5) Sollen zwei der Provinzen ganz besonders miteinander verglichen werden.

6) Sollen die Preisschwankungen in 2 aufeinanderfolgenden Jahren innerhalb enger Bezirke, von je 6 nebeneinander liegenden Städten in 8 Provinzen von Preußen (jetzigen Bestandes) geprüft werden, und

7) sollen einige dieser Tabellen so umgerechnet werden, daß man erkennen kann, wie viel Gewichtseinheiten man im Durchschnitt von Rindfleisch, Butter, Hafer und Roggen, je nach dem Stande ihrer eigenen Preise, für den jeweiligen durchschnittlichen Marktpreis eines Zentners Heu erhalten konnte, in welchem Zeitabschnitt und an welchem Orte es auch geschehen sein mag.

Durch die Resultate dieser Untersuchungen wird dann sicher entschieden, ob die Marktpreise des Heues den Preisen der 4 marktgängigen Produkte vielleicht in etwas parallel laufen, oder, falls sie dies nicht thun, wie viel und in welcher Weise sie von diesen abweichen.

Sollte eine gewisse Parallelität nachgewiesen werden können, so hätten die Preise des Heues unstreitig dieselbe Berechtigung, wie die Marktpreise der marktgängigen Produkte als Grundlage zu landwirtschaftlichen Berechnungen angewendet zu werden.

Stellt sich aber das Gegenteil heraus, und sind die Schwankungen so erhebliche, daß bei Anwendung der Heupreise die Fehlergrenze eine zu beträchtliche wird, so müssen wir die Heupreise als zu unsichere Basis verwerfen, und würden sie dann nur zur oberflächlichen Orientierung in gewissen Verhältnissen angewendet werden können. Das Zahlenmaterial, dessen wir nun benötigen, finden wir in den statistischen Aufzeichnungen und aus diesen entnehmen wir folgende Tabellen:

1) Durchschnittspreise von Heu, Rindfleisch, Butter, Hafer und Roggen von 1821—1880 und 1880—85 für Preußen (alten Bestandes) in zehnjährigen Abschnitten [1]:

Jahre	Heu 50 kg	Rindfl. ½ kg	Butter ½ kg	Hafer [2] 50 kg	Roggen 50 kg
1821—30	1,94	0,23	0,51	3,80	4,34
1831—40	2,05	0,26	0,55	4,40	5,03
1841—50	2,34	0,28	0,60	5,15	6,13
1851—60	2,66	0,35	0,75	6,91	8,02
1861—70	3,04	0,43	0,90	6,73	7,73
1871—80	3,26	0,53	1,08	7,17	8,16
Durchschn.	2,54	0,346	0,72	5,74	6,57
1881—85	3,14	0,56	1,11	7,23	8,00

Diese Zahlen zeigen uns, daß die Preise von Heu, Rindfleisch und Butter von 1821—80 fortlaufend gestiegen sind, Rindfleisch und Butter aber mehr als Heu, denn die Preise von beiden sind verdoppelt, auch steigen sie noch bis 1885, während die Hafer- und Roggenpreise nur bis 1860 gleichmäßig stiegen, dann bis 1870 ziemlich gleichmäßig fielen, 1880 aber ihren höchsten Preisstand erreichten, von wo an sie bis 1885, nebst den Heupreisen, wieder sanken.

Rechnet man nun diese Tabellen um, indem der Marktpreis des Heues in jedem Jahrzehnt gleich 100 gesetzt wird, so erhält man daraus das relative Verhalten der Preise der übrigen 4 Produkte zum Heu, in Prozenten:

---

1) Die Zahlen sind entnommen der „Zeitschrift des Kgl. pr. statistischen Bureaus" von 1821—61, Jahrg. 1871, von 1861-85, Jahrg. 1886.
2) Zur Reduktion sind verwendet: 1 Scheffel Hafer = 25 kg und Roggen = 40 kg.

1 A.

Jahre	Heu = 100	Rindfl.	Butter	Hafer	Roggen
1821—30	1,94 = 100	11,85 ₰	26,30 ₰	196,00 ₰	223,20 ₰
1831—40	2,08 = 100	12,50 ,,	26,52 ,,	211,54 ,,	241,82 ,,
1841—50	2,34 = 100	11,97 ,,	25,69 ,,	220,10 ,,	262,00 ,,
1851—60	2,66 = 100	13,16 ,,	27,44 ,,	260,00 ,,	301,50 ,,
1861—70	3,04 = 100	14,14 ,,	29,61 ,,	221,78 ,,	254,27 ,,
1871—80	3.26 = 100	16,25 ,,	33,13 ,,	229,14 ,,	281,00 ,,
1821—80	2,54 = 100	13,60 ₰	28,00 ₰	226,00 ₰	262,60 ₰
1881—85	3,14 = 100	17,70 ₰	35,10 ₰	228,50 ₰	253,10 ₰

Anschaulicher wird das gegenseitige Preisverhältnis, wenn man die Preise **aller 5 Produkte** in der Zeit von 1821—30 = 100 setzt und dabei gleichzeitig die Differenzen zwischen den einzelnen Jahrzehnten berechnet. Es entsteht daraus folgende Tabelle (1 B.):

1 B.

Jahre	Heu		Rindfleisch		Butter	
1821—30	100,00	Diff.	100,00	Diff.	100,00	Diff.
1831—40	107,22	+ 7,22	113,04	+ 13,04	108,00	+ 8,00
1841—50	120,62	+ 13,40	121,74	+ 8,70	117,65	+ 9,65
1851—60	137,11	+ 16,49	152,17	+ 30,43	143,14	+ 26,49
1861—70	156,71	+ 19,60	187,00	+ 34,83	176,47	+ 33,33
1871—80	168,04	+ 11,33	230,44	+ 43,44	211,80	+ 54,80
Durchschn. 1821—80	31,62		50,73		42,84	
1881—85	162,80	— 5,24	243,50	+ 13,06	218,00	+ 6,20

Jahre	Hafer		Roggen	
1821—30	100,00	Diff.	100,00	Diff.
1831—40	115,80	+ 15,80	115,90	+ 15,90
1841—50	135,52	+ 19,72	141,26	+ 25,36
1851—60	181,84	+ 46,32	184,80	+ 43,54
1861—70	177,10	— 4,74	178,12	— 6,68
1871—80	196,07	+ 19,50	188,02	+ 9,90
Durchschn. 1821—80	51,06		51,38	
1881—85	190,26	— 6,34	184,33	— 3,89

Zur besseren Veranschaulichung ist das Ergebnis dieser Tabelle auf Tafel I graphisch dargestellt.

Aus der beigefügten Differenz ist aber zu ersehen, daß das Sinken und Steigen der Durchschnittspreise innerhalb der einzelnen Jahrzehnte, verglichen mit den Durchschnitten der ihnen vorangegangenen Jahrzehnte, durchaus nicht regelmäßig gewesen ist, sondern oft Sprünge gemacht hat. So z. B. sind Hafer und Roggen bis 1860 rapid gestiegen, von 1855—60 sogar um ca. 45 $^0/_0$. Das folgende Jahrzehnt weist einen Rückgang von 4,74 bezw. 6,68 $^0/_0$, das Jahrzehnt 1871 bis 80 dagegen den höchsten überhaupt erreichten Preisstand auf. Demnächst fielen dann die Preise wieder. Weniger schnell, doch immerhin noch ganz beträchtlich sind die Preise vom Heu bis 1880 gestiegen, von wo aus sie dann um ca. 5 $^0/_0$ gegen das vorangegangene Jahrzehnt sanken. Die Preise von Rindfleisch und Butter stiegen beide bis 1850 weniger rasch, dann aber ersteres gleich 30,43, 34,83 und 43,44 $^0/_0$, worauf nach 1880 nur noch 13 $^0/_0$ Steigerung zu konstatieren war. Butter dagegen stieg von 1851—60 um 26,5 $^0/_0$, von 1860—70 um 33,33 $^0/_0$ und dann aber bis 1880 um 54,80 $^0/_0$, welches die rapideste Steigerung der ganzen Tabelle ist.

Verweilen wir noch einen Augenblick bei den Durchschnitten der prozentischen Preissteigerungen von 1821—80, so sehen wir, daß Rindfleisch, Hafer und Roggen ziemlich gleichmäßig, nämlich 50,73 resp. 51,06 und 51,38 $^0/_0$ stiegen, während Heu durchschnittlich 31,62 $^0/_0$ und Butter ca. 43 $^0/_0$ gestiegen sind.

Betrachten wir nun die graphische Darstellung auf Tafel I (Anhang), so sehen wir gleich auf den ersten Blick, daß die aus den Zahlenergebnissen konstruierten Linien stark voneinander abweichen. Man erkennt namentlich leicht, daß die Heukurve weit hinter den übrigen zurückbleibt, obwohl die Butterkurve einmal, von 1840—50, etwas unter die Heukurve herabsinkt. Das heißt aber; im Allgemeinen sind die Marktpreise des Heues relativ von 1821—80 bei weitem nicht so gestiegen, wie die der übrigen 4 marktgängigen Produkte; namentlich ist ihre Steigerung sehr viel geringer als die Steigerung der Preise für Rindfleisch und Butter.

Noch eine interessante Untersuchung kann man mit der

Tabelle I A. vornehmen, nämlich nach ihr berechnen, wie viel Pfund Rindfleisch, Butter, Hafer und Roggen nach dem jeweiligen Stande ihrer Preise für den Heupreis desselben Jahrzehnts zu erhalten waren.

Es wird aus den Resultaten zu erkennen sein, in welchem Jahrzehnt man für den für 100 Pfd. Heu gezahlten Preis von den verschiedenen Produkten die meisten Gewichtseinheiten bekommen konnte.

Es ergeben sich daraus:

	Preis für 100 Pfd. Heu Mark	Rindfleisch Pfd.	Butter Pfd.	Hafer. Pfd.	Roggen Pfd.
1821—30	1,94	8,43	3,80	51,06	41,70
1831—40	2,08	8,00	3,78	47,27	41,35
1841—50	2,34	8,35	3,80	45,44	38,17
1851—60	2,66	7,60	3,64	38,49	33,16
1861—70	3,04	7,07	3,80	45,17	40,69
1871—80	3,26	6,15	3,02	43,64	39,95
Im Mittel	2,54	7,32	3,57	44,25	38,66
1881—85	3,14	5,62	2,84	43,70	39,50

Setzt man des Vergleiches wegen den Roggenpreis jedes Jahrzehnts = 100, so ergiebt sich Folgendes:

	Preis für 100 Pfd. Roggen	entspricht Pfund Rindfleisch	Pfund Butter
1821—30	4,34 M.	18,86	8,68
1831—40	5,03	19,34	9,14
1841—50	6,13	21,87	10,21
1851—60	8,02	22,91	10,98
1861—70	7,73	17,97	8,58
1871—80	8,16	15,39	7,55
Durchschnitt	6,57	19,40	9,18

Diese Darstellung läßt sofort erkennen, daß man in den Jahren 1821—30 von allen 4 Produkten, je nach ihren Preisen, mehr Gewichtseinheiten für das Äquivalent von 100 Pfd. Heu erhielt als in irgend einem anderen Jahrzehnt. Nur von der Butter hat man sowohl 1841—50, als auch 1861—70 wieder genau ebenso viel Pfund für den damals gezahlten Heupreis bekommen, wie während der Periode von 1821—30. Es geht somit aus diesen Thatsachen hervor, daß der Preis des Heues von 1821—30, verglichen mit den Preisen der übrigen Produkte, relativ sehr hoch war.

Es ergiebt sich hieraus, daß der Preis des Heues von 1821—30 bis 1880 im Verhältnis zum Preise von Rindfleisch und Butter, ganz geringe Schwankungen abgerechnet, fortdauernd gesunken ist, daß auch ein solches Sinken, wenngleich mit etwas größeren Schwankungen, im Verhältnis zum Preise von Roggen und Hafer stattgefunden hat. Dagegen zeigt der Vergleich der Preise des Roggens mit denen von Rindfleisch und Butter, daß diese sich gewissermaßen um einen Mittelpunkt bewegen, daß bald die einen, bald die anderen relativ hoch stehen.

Im Durchschnitt des Zeitraumes 1821—80 stellte sich der Preis von 100 Pfd. Heu = 7,32 Pfd. Rindfleisch und 3,57 Pfd. Butter. Nun kann aber niemand behaupten, daß von jedem Zentner mittelgutem Wiesenheu, welcher in Preußen an Kühe innerhalb der langen Periode verfüttert wurde, im Durchschnitt entweder 7,32 Pfd. Rindfleisch oder 3,57 Pfd. Butter erzeugt wurden, denn sonst könnte man ja diese Mittelzahlen zu Grunde legen und aus ihnen einen Verwertungspreis berechnen, was leider nicht möglich, wie in der Einleitung erörtert ist.

Berücksichtigt man aber die Fortschritte, welche im Laufe der Dezennien auf dem Gebiete der Vervollkommnung unserer Haustiere in Bezug auf Ertrag- und Leistungsfähigkeit im Verhältnis zum verabreichten Futter gemacht worden sind, so müssen wir zugeben, daß es wohl möglich sein mag, in einzelnen Fällen von einigen ganz ausgezeichneten Tieren Erträge zu erhalten, welche den durchschnittlichen Ergebnissen von 1861—85 in obiger Tabelle nur wenig oder nichts nachgeben.

Wir sehen daselbst, daß man für den Preis von 1 Ztr. mittelgutem Heu im Durchschnitt erhalten konnte:

1861—70 3,80 Pfd. Butter, resp. 7,07 Pfd. Rindfleisch.
1871—80 3,02   „   „   6,15   „   „
1881—85 2,84   „   „   5,62   „   „

Obgleich nun diese Zahlen bedeutend niedriger sind als die von 1821—30, so berechtigt dieses doch noch nicht, daß wir sie für die durchschnittlichen Erträge in der Allgemeinheit gelten lassen können.

Denn viele praktische Landwirte und Theoretiker werden darin übereinstimmen, daß ein Milchertrag von 2600 Liter pro Jahr für eine Kuh von 1000 Pfd. lebend Gewicht im Durchschnitt der ganzen preußischen Monarchie auch in den letzten Jahrzehnten nicht erzielt worden ist; wir wollen denselben aber hier der folgenden Rechnung zu Grunde legen, um die Resultate derselben nach dieser Seite hin unanfechtbar zu machen. Rechnet man nun, daß aus 13 Litern Milch 1 Pfd. Butter gewonnen worden wäre (welche Annahme im Durchschnitt gleichfalls zu hoch ist), so hätte man von jeder Kuh 200 Pfd. Butter erhalten können. Um diese zu erzeugen, müßte jede Kuh für je 1000 Pfd. lebend Gewicht, wenn man nach E. Wolff[1]) rechnet, pro Tag 2,5 Pfd. verdauliches Eiweiß, 12,5 Pfd. verdauliche Kohlenhydrate und 0,4 Pfd. verdauliches Fett bekommen. Das macht pro Jahr 912,5 Pfd. Eiweiß, 4562,5 Pfd. Kohlenhydrate und 146,0 Pfd. Fett, welche enthalten sind in ca. 140 Ztr. mittelgutem Wiesenheu.

Somit wäre unter obigen Voraussetzungen aus 1 Ztr. mittelgutem Heu nur 1,42 Pfd. Butter zu erzielen. Diesem 1,42 Pfd. Butter entsprächen nun, dem Preise nach, 2,81 Pfd. Rindfleisch, die also von 1 Ztr. mittelgutem Wiesenheu durchschnittlich müßten erzeugt werden können. Dann aber nähme 1 Rind von 1000 Pfd. lebend Gewicht bei derselben Fütterung pro Jahr 3,94 Ztr. an Schwere zu, was wohl selten der Fall sein dürfte, aber genau dem oben ausgerechneten Butterertrag entspräche. Um aber dem Grundsatze von Krämer[2]): »Menge und Preis der zu Markte gebrachten Erzeugnisse hängt nicht allein ab von der Konkurrenz der Käufer, sondern auch von der Verwertung am Produktionsorte«, gerecht zu werden, muß man noch den Wert des Düngers zu obigem Butterertrage hinzuzählen.

---

1) **Landw. Kalender von Mentzel und von Longerke.**
2) u. a. a. o. S. 9.

Die Menge des erzeugten Düngers erhält man nach E. Wolff durch Multiplikation der halben Trockensubstanz des Fettes plus der Trockensubstanz des Streustrohs multipliziert mit 4. Hiernach berechnet sich das Düngererzeugnis einer Kuh, wenn 140 Ctr. Heu und 20 Ctr. Streustroh à 85 % Trockensubstanz gegeben werden, wie folgt:

$$\frac{140}{2} = \left[\left(\frac{70}{100} \times 85\right) + \left(\frac{20}{100} \times 85\right)\right] \times 4$$
$$= (59{,}50 + 17{,}00) \times 4 = 76{,}5 \times 4$$
$$= 306 \text{ Ztr. Dünger pro Jahr.}$$

Es entfallen somit, ohne die Einstreu zu berücksichtigen, auf jeden Zentner mittelgutes Heu, welcher verabreicht werden mußte, um obige Resultate zu erhalten, 2,185 Zentner Dünger, welche nach von der Goltz[1]) bei den von 1881 bis 85 durchschnittlich erzielten Roggenpreisen von 8,0 M. pro Zentner, zum Werte von 0,41 M. veranschlagt, rund 0,90 M. ergeben.

Stellen wir nun den Wert des Ertrages an Butter und Dünger zusammen, so ergiebt sich:

```
  1,42 Pfd. Butter à 1,11 M. = 1,58 M.
+ 2,185 Ctr. Dünger à 0,41  „  = 0,90  „
                    Summa = 2,48 M.
```

Dies ist, obgleich alle Faktoren zu hoch angenommen sind, der Rohertrag, welcher durch die Verwertung am Produktionsorte durchschnittlich erzielt werden könnte, von ihm müßten nun noch alle Kosten für die Haltung, Wartung und Pflege der Kühe, für Markttransport der Butter, Streustroh und anderes mehr abgezogen werden, was wir aber unterlassen wollen, zumal da andererseits auch die Transportkosten des Heues zum Marktorte von dem Marktpreise

---

1) von der Goltz: Landwirtschaftliche Taxationslehre, Berlin 1882, S. 52 u. f.

desselben in Abzug gebracht werden müßten. Jedenfalls sind die letzteren aber erheblich geringer als die genannten sonstigen Kosten bei der Kuhhaltung. Der Durchschnitt nun, welcher von 1881—85 für 1 Ctr. mittelgutes Wiesenheu gezahlt wurde, ist **3,14** Mark; derselbe übertrifft den schon ungewöhnlich hoch, ja entschieden zu hoch berechneten Verwertungspreis um 0,66 M. oder um 26,61 %. Diese Thatsache spricht zu Gunsten der von v o n d e r G o l t z aufgestellten Behauptung, daß der Marktpreis des Heues fast ohne Ausnahme höher sei, als seinem Gebrauchswerte entspricht.

Vorstehendes sind die Erwägungen, welche sich an die Zahlen aus einer längeren Zeitperiode auf einer größeren Fläche anknüpfen lassen. Es ist aber sehr wohl denkbar, daß man, wenn man die Verhältnisse prüft, welche in kleineren Kreisen, in längeren oder kürzeren Zeitperioden geherrscht haben, entweder nicht so schwankende Resultate erhält, oder Ergebnisse findet, welche noch mehr voneinander abweichen. Das letztere ist wahrscheinlicher, denn auf die größere Fläche kommen auch viel mehr Zahlen, welche teils höher, teils tiefer als die Mittel sind, wodurch der erhaltene Durchschnitt die größere Sicherheit bekommt, weil er eben aus einer größeren Anzahl von Differenzen herausgerechnet werden muß.

Unterwerfen wir deshalb das Verhalten der Preise von Heu, Rindfleisch, Butter, Hafer und Roggen in den einzelnen Provinzen von Preußen (alten Bestandes) und in den 50 Jahren von 1821—70 einer genaueren Prüfung, so ergiebt sich, in Perioden von 10 Jahren, in den 8 einzelnen Provinzen in Mark, und die Preise von 1821—30 = 100 gesetzt, folgende Tabelle (S. 24).

Die erhaltenen Prozentzahlen zeigen uns deutlich ein eben solches Bild wie die graphische Darstellung auf Tafel I, nur daß die Schwankungen meist noch größere sind.

— 24 —

Jahre	Preußen	Posen	Brandenburg	Pommern	Schlesien	Sachsen	Westfalen	Rheinprovinz
Heu 100 Pfd.								
1821—30	1,52 = 100,00	1,75 = 100,0	1,84 = 100,0	1,82 = 100,0	2,08 = 100,0	2,54 = 100,0	1,85 = 100,0	2,08 = 100,0
1831—40	1,67 = 103,90	1,96 = 112,0	1,94 = 105,4	2,54 = 122,1	—	2,63 = 103,1	1,75 = 106,0	2,54 = 122,1
1841—50	1,91 = 134,23	2,26 = 129,1	2,26 = 122,8	1,81 = 99,4	2,54 = 122,1	2,70 = 106,5	2,05 = 124,2	2,80 = 134,4
1851—60	2,27 = 149,34	2,99 = 169,6	2,39 = 129,8	1,96 = 107,7	2,60 = 134,8	2,92 = 114,9	2,65 = 160,6	2,86 = 156,7
1861—70	2,47 = 163,15	2,56 = 146,2	2,76 = 150,0	2,30 = 120,8	3,26 = 156,7	3,61 = 142,1	3,19 = 192,7	3,72 = 178,8
				2,22 = 121,9	3,72 = 178,8			
Rindfleisch 1 Pfd.								
1821—30	0,19 = 100,0	0,22 = 100,0	0,25 = 100,0	0,24 = 100,0	0,24 = 100,0	0,37 = 100,0	0,23 = 100,0	0,24 = 100,0
1831—40	0,23 = 115,8	0,24 = 109,1	0,27 = 108,0	0,26 = 108,3	0,28 = 116,6	0,39 = 118,6	0,28 = 113,0	0,28 = 116,6
1841—50	0,23 = 121,0	0,30 = 138,8	0,30 = 120,0	0,28 = 158,3	0,32 = 133,3	0,38 = 122,8	0,29 = 126,1	0,32 = 133,3
1851—60	0,30 = 157,9	0,33 = 150,0	0,33 = 144,0	0,33 = 137,5	0,41 = 170,8	0,50 = 140,7	0,36 = 156,5	0,41 = 190,8
1861—70	0,36 = 189,5	0,38 = 172,7	0,46 = 184,0	0,44 = 166,6	0,51 = 216,6	0,46 = 174,0	—	0,52 = 216,6
Butter 1 Pfd.								
1821—30	0,45 = 100,0	0,52 = 100,0	0,64 = 100,0	0,58 = 100,0	0,50 = 100,0	0,62 = 100,0	0,44 = 100,0	0,50 = 100,0
1831—40	0,49 = 100,8	0,56 = 107,7	0,63 = 95,9	0,58 = 112,0	0,56 = 112,0	0,65 = 109,8	0,48 = 109,1	0,56 = 112,0
1841—50	0,54 = 120,0	0,52 = 100,0	0,67 = 104,7	0,68 = 117,2	0,61 = 122,0	0,56 = 109,8	0,54 = 122,8	0,61 = 122,0
1851—60	0,66 = 146,6	0,73 = 140,4	0,82 = 128,1	0,78 = 134,5	0,75 = 150,0	0,78 = 125,8	0,68 = 154,5	0,75 = 150,0
1861—70	0,79 = 175,5	0,86 = 165,4	0,96 = 150,0	0,92 = 158,6	0,94 = 188,0	0,98 = 154,8	0,87 = 197,7	0,94 = 188,0
Hafer 100 Pfd.								
1821—30	2,92 = 100,0	3,50 = 100,0	4,18 = 100,0	3,34 = 100,0	4,16 = 100,0	3,91 = 100,0	4,21 = 100,0	4,16 = 100,0
1831—40	3,55 = 121,5	4,28 = 122,3	4,85 = 116,0	4,10 = 122,8	4,96 = 119,2	4,51 = 115,4	4,98 = 117,1	4,96 = 119,2
1841—50	4,40 = 150,7	4,86 = 138,8	5,30 = 126,8	4,92 = 147,3	5,71 = 137,3	5,08 = 129,9	5,75 = 136,8	5,71 = 137,3
1851—60	6,26 = 214,4	6,98 = 199,7	7,15 = 171,1	7,02 = 210,2	6,88 = 165,3	6,88 = 175,9	6,53 = 155,1	7,23 = 173,8
1861—70	6,06 = 207,5	6,33 = 180,8	6,88 = 163,4	6,72 = 201,2	7,10 = 170,7	6,73 = 172,1	7,11 = 183,1	7,10 = 170,7
Roggen 100 Pfd.								
1821—30	3,31 = 100,0	3,77 = 100,0	4,30 = 100,0	3,72 = 100,0	5,32 = 100,0	4,35 = 100,0	5,04 = 100,0	5,32 = 100,0
1831—40	4,56 = 137,7	4,36 = 112,9	5,00 = 116,2	4,64 = 124,7	6,37 = 119,9	5,19 = 118,4	5,99 = 118,8	6,37 = 119,9
1841—50	5,26 = 158,9	4,85 = 148,5	5,78 = 120,5	5,70 = 153,2	7,62 = 143,2	6,15 = 141,4	7,06 = 146,1	7,62 = 143,2
1851—60	7,15 = 216,0	7,67 = 203,4	8,05 = 182,5	7,88 = 211,8	8,88 = 175,6	8,58 = 197,2	9,21 = 181,7	9,34 = 175,6
1861—70	6,74 = 203,6	6,96 = 184,3	7,49 = 174,2	7,49 = 200,3	8,49 = 159,6	8,07 = 185,5	8,64 = 171,4	8,49 = 159,6

Deshalb müssen sich nunmehr die ferneren Untersuchungen auf noch kleinere Zeitabschnitte und Flächen beschränken, um zu erkennen, ob und wie große Differenzen zwischen den Preisen im engeren Verkehr vorhanden sind; denn wenn sich dort die Preisverhältnisse nicht zu Gunsten der Heupreise ganz anders gestalten, sondern sich dieselben auch im Lokalverkehr so abweichend von denen der übrigen Produkte verhalten, wie innerhalb größerer Bezirke, so werden wir nicht umhin können, die Brauchbarkeit der Heupreise zu landwirtschaftlichen Berechnungen verneinen zu müssen.

Um dieses zu entscheiden, werden wir nun Preise untersuchen, wie sie in 12 Städten innerhalb des Regierungsbezirkes Merseburg in den Jahren 1878—87 gewesen sind. Von diesem Bezirk standen uns Aufzeichnungen der monatlichen Marktpreise für die betreffenden 10 Jahre zur Verfügung. Derselbe erstreckt sich quer über das Stromgebiet der Elbe und ihre beiden Nebenflüsse Mulde und Saale, zu welcher auch noch die Elster nebst der Luppe hinzukommt. Im Westen reicht der Bezirk bis an den Harz und das hessische Bergland und umfaßt deren hügelige Ausläufer nebst einem großen Teil von Thüringen. Deshalb ist es sicher interessant, zugleich, neben allen anderen Fragen, zu untersuchen, ob diese Mannigfaltigkeit der Verhältnisse irgend welchen Einfluß auf die Bildung und Höhe der Preise hat. Die 12 Städte sind: östlich der Saale: Torgau, Eilenburg, Delitzsch, Bitterfeld; an der Saale: Halle, Merseburg, Weißenfels, Naumburg; westlich der Saale: Querfurt, Sangerhausen, Eisleben, Hettstedt.

Alle sind durch Eisenbahnen direkt verbunden, und liegt außerdem Torgau an der Elbe, Eilenburg und Bitterfeld an der Mulde, während Halle für die Verbindung sämtlicher 12 Städte den Knotenpunkt bildet. Es liegen somit 8 Städte innerhalb der genannten Flußgebiete, wobei noch zu bemerken ist, daß Delitzsch und Bitterfeld nur 8 km voneinander entfernt sind, und daß unweit Merseburgs die Luppe in die Elster und gleich darauf in die Saale fließt, wodurch an den Mündungen weite Wiesenflächen entstehen. Die 4 westlichen Städte sind dagegen höher gelegen, in hügeligem Terrain, woselbst das Heu sicherlich weniger häufig ist als in den Flußthälern. Demnach könnte man voraussetzen, daß das Heu im Westen des Bezirks teurer ist als in den Städten, welche an den Gewässern liegen. Ob aber diese Vermutung sich als richtig erweist, soll uns folgende Tabelle nebst graphischer Darstellung (Taf. II) zeigen:

Marktpreise der 10 Jahre 1878—87 in Mark von folgenden 12 Städten des Regierungsbezirks Merseburg.[1])

	Jahreszahl	Torgau	Eilenburg	Delitzsch	Bitterfeld	Halle a. S.	Merseburg	Weißenfels	Naumburg	Querfurt	Sangerhausen	Eisleben	Hettstedt
100 kg Heu	1878	6,47	6,04	5,51	6,56	6,86	7,40	7,08	7,91	7,91	6,65	7,21	6,63
	1879	7,74	7,41	6,31	7,66	7,43	7,35	7,18	6.99	7,93	7,04	6.85	6,84
	1880	7,17	7,89	7,13	8,88	7,72	8,09	8,03	7,75	7,11	7,29	7.44	6,91
	1881	6,67	7,27	7,66	8,65	8,10	8,53	8.85	8,72	9.46	7,87	8.89	6.69
	1882	6,88	7,99	8,31	9,33	8,81	9,21	8,59	8,22	10,42	8,26	8,59	9,80
	1883	8,35	8,34	8,27	9,61	8,50	8,89	8,67	8,21	10,60	8,37	7,68	8,87
	1884	6,60	7,52	7,70	8,92	8,10	8,07	8,65	7,76	11,00	7.09	8,27	7.66
	1885	6,42	6,25	5,54	8,00	7,12	7,04	8,13	6,89	11,10	5,92	7,05	4.75
	1886	7,84	7,14	5,96	7,85	7,40	6,95	8,15	7,28	10,90	5.92	6,51	6.06
	1887	6,86	6,67	6.25	6,95	6,84	6.67	8,11	7,07	11,00	6,27	7,47	6,58
	Durchschn.	7,05	7,25	6,87	8,26	7,68	7,82	8.14	7,68	9,67	7,07	7,70	7,08

Mittel 7,70.

1 kg Rindfleisch	1878	1,20	1,15	1,20	1,00	1,25	1,19	1,20	1,35	1,20	1,30	1,15	1.40
	1879	1,20	1,15	1,20	1,05	1,25	1,24	1,20	1,35	1,20	1.30	1,15	1.37
	1880	1,20	1,15	1,20	1,05	1,25	1,25	1,22	1,30	1,20	1.30	1,15	1.30
	1881	1,20	1,15	1,20	1,20	1,27	1,23	1,25	1,25	1,20	1,32	1,15	1.30
	1882	1,20	1,15	1,20	1,20	1,27	1,20	1,25	1,25	1,20	1,32	1,15	1.33
	1883	1,20	1,15	1,20	1,20	1,25	1,20	1,25	1,25	1,20	1.34	1,15	1.30
	1884	1,20	1,15	1,20	1,20	1,25	1,23	1,26	1,25	1,20	1.32	1,15	1.30
	1885	1,20	1,15	1,20	1,20	1,25	1,25	1,40	1,25	1,20	1.30	1,15	1,20
	1886	1,20	1,15	1,20	1,20	1,25	1,25	1,40	1,25	1,20	1.30	1,15	1,24
	1887	1,12	1,15	1,20	1,20	1,25	1,25	1,40	1,25	1,20	1.30	1,15	1,20
	Durchschn.	1,19	1.15	1,20	1,15	1,25	1,23	1,28	1,28	1,20	1.31	1.15	1,25

Mittel 1,23.

1) Die Zahlen sind berechnet aus den monatlichen Preisnotizen, wie sie verzeichnet sind in den Amtsblättern des Regierungsbezirks Merseburg von 1878—87.

— 27 —

Jahreszahl	Torgau	Eilenburg	Delitzsch	Bitterfeld	Halle a. S.	Merseburg	Weißenfels	Naumburg	Querfurt	Sangerhausen	Eisleben	Hettstedt
1878	2,15	2,12	2,32	2,24	2,68	2,53	2,56	2,34	2,45	2,44	2,89	2,80
1879	2,11	2,28	2,30	2,15	2,62	2,38	2,38	2,18	2,50	2,25	2,72	2,59
1880	2,09	2,33	2,40	2,24	2,67	2,44	2,44	2,18	2,60	2,48	2,63	2,63
1881	2,18	2,42	2,54	2,36	2,70	2,47	2,65	2,25	2,87	2,52	2,81	2,80
1882	2,34	2,52	2,47	2,43	2,65	2,51	2,52	2,24	3,00	2,52	2,90	2,80
1883	2,35	2,52	2,78	2,50	2,65	2,54	2,55	2,21	3,00	2,54	3,06	2,89
1884	2,09	2,36	2,28	2,28	2,58	2,48	2,38	1,82	3,00	2,36	2,84	2,78
1885	2,03	2,28	2,31	2,18	2,52	2,31	2,31	1,83	2,90	2,29	2,76	2,75
1886	2,07	2,26	2,35	2,18	2,51	2,36	2,45	1,81	2,90	2,32	2,58	2,43
1887	1,95	2,28	2,33	2,15	2,56	2,26	2,45	1,90	2,80	2,18	2,75	2,60
Durchschn.	2,24	2,35	2,40	2,27	2,61	2,42	2,47	2,17	2,74	2,36	2,74	2,70

Mittel 2,49

1878	14,28	15,68	15,14	14,50	14,70	16,71	14,76	15,36	14,98	14,65	15,83	15,12
1879	13,68	15,08	14,39	14,01	14,35	15,44	14,60	14,10	14,58	14,43	14,92	14,18
1880	15,30	16,00	15,84	16,37	16,00	16,58	15,54	15,60	16,04	15,73	15,43	15,10
1881	16,61	16,33	15,83	16,68	16,58	17,16	15,82	16,29	16,01	16,82	16,81	16,54
1882	15,36	15,87	15,40	16,61	15,42	16,73	15,39	15,36	15,29	15,53	15,87	16,69
1883	14,39	14,87	13,89	15,69	14,56	15,58	14,33	14,72	14,55	14,85	14,67	14,82
1884	14,46	15,50	14,66	14,83	14,84	16,52	14,75	15,18	15,23	15,16	15,75	15,05
1885	15,08	15,46	14,33	15,00	14,90	16,25	14,82	14,54	15,05	14,91	15,30	15,31
1886	13,76	14,46	13,28	13,63	13,69	14,66	13,86	13,70	14,68	13,70	14,07	14,24
1887	11,51	11,97	11,20	11,73	11,88	12,53	12,32	11,71	12,54	12,25	13,34	12,21
Durchschn.	14,44	15,12	14,28	14,90	14,68	15,82	14,58	14,66	14,68	14,78	15,18	14,92

Mittel 14,84

1878	14,11	15,02	14,77	14,72	14,86	15,53	14,16	14,74	15,23	15,03	16,28	16,44
1879	14,53	15,50	14,81	14,65	15,21	15,64	15,09	14,99	15,14	15,27	16,80	14,78
1880	19,99	20,18	20,28	20,78	20,30	20,80	20,11	20,13	19,73	20,27	20,50	19,97
1881	20,22	21,15	21,42	21,42	20,68	21,62	20,56	20,71	20,23	21,02	21,22	23,24
1882	16,73	16,67	16,98	17,02	16,88	17,98	16,31	17,14	16,05	17,19	18,81	19,75
1883	15,81	16,30	15,32	15,39	15,29	16,23	14,90	15,07	14,19	15,62	16,93	15,70
1884	14,90	16,06	15,12	15,91	14,95	15,78	14,83	15,31	15,17	15,36	16,27	14,94
1885	14,53	15,10	14,24	14,56	14,43	15,24	14,51	14,91	14,50	14,69	14,90	15,13
1886	13,38	14,16	13,57	14,14	13,66	14,16	13,66	13,90	14,42	15,39	13,84	14,42
1887	12,22	12,18	12,21	12,00	12,70	13,22	12,77	13,11	13,13	12,54	15,23	14,06
Durchschn.	15,64	16,29	15,94	16,00	15,90	16,62	15,72	16,00	15,78	16,06	17,08	16,84

Mittel 16,16.

Da aber diese Tabellen wegen der vielen Zahlen zu unübersichtlich sind, wollen wir die Durchschnitte in Prozente umrechnen, wobei das Mittel aller 12 Ergebnisse desselben Produkts = 100 gesetzt worden ist. Daraus entsteht folgende Tabelle, welche auf Tafel II graphisch dargestellt ist.

	Heu	Rindfleisch	Butter	Hafer	Roggen
	7,70=100	1,23=100	2,49=100	14,84=100	16,16=100
1. Torgau	91,6 %	90,8 %	90,0 %	98,2 %	96,8 %
2. Eilenburg	94,2	93,5	94,4	102,0	100,8
3. Delitzsch	89,3	97,6	96,4	97,8	98,6
4. Bitterfeld	107,3	93,5	91,2	100,0	99,0
5. Halle a. S.	99,8	101,6	104,7	99,8	98,4
6. Merseburg	101,7	100,0	97,2	106,6	102,8
7. Weißenfels	105,7	104,6	99,2	99,2	97,3
8. Naumburg	99,8	104,6	90,2	99,7	99,0
9. Querfurt	125,6	97,6	110,4	99,9	97,7
10. Sangerhausen	91,9	106,5	94,8	100,0	100,0
11. Eisleben	100,0	93,5	110,4	102,0	105,6
12. Hettstedt	92,0	101,6	108,4	100,0	104,0

Sehen wir uns diese Tabelle und Tafel II etwas genauer an, so erkennen wir, daß in beiden erhebliche Unregelmäßigkeiten vorkommen. Somit schwanken auch die Preise in einem so kleinen Bezirk immerhin noch ziemlich bedeutend, und zwar schwanken hier am meisten die Heupreise, dann die Butterpreise, nach ihnen das Fleisch und dann erst Roggen und Hafer.

Wir wollen annehmen, der Heupreis für Querfurt sei zu unnormal und betrüge nur 12,5 % mehr als das Mittel, wodurch das Bild weniger verzerrt wird, so sind die größten Schwankungen, obgleich von 10-jährigen Mitteln, immer noch beträchtliche, und zwar

Heu	Butter	Rindfl.	Hafer u. Roggen
23,2 %	20,4 %	13,0 %	je 8,8 %

Deshalb zeigen uns die graphischen Linien auch folgendes Bild:

Die Roggen- und Haferkurven gehen wieder für alle Marktorte ähnlich so parallel, wie auf Taf. I.

Anfangs zeigen auch die Kurven von Rindfleisch und Butter dieselbe Erscheinung, bis sich dann plötzlich, von der Saale an westlich, in Querfurt, Sangerhausen, Eisleben und Hettstedt ein ganz anderes, gerade entgegengesetztes Bild zeigt. Die Preise für Rindfleisch und Butter gehen prozentisch sehr stark auseinander; letztere scheinen von den Heupreisen beeinflußt zu werden, oder, da sie in jenen

Städten meist relativ höher sind als die Heupreise, auf diese zurückzuwirken; denn es ist eine gewisse Parallelität nicht zu verkennen.

Die ferneren Untersuchungen mögen uns vielleicht noch Erklärungen für dieses Verhalten finden lassen, es scheint fast, als ob die Industrie und der ausgedehnte Bergbau, mit seinem Bedarf an vielen Arbeitern im Mansfeldischen, gerade bei Eisleben und Hettstedt, auf den relativ hohen Stand der Preise, mit Ausnahme des Heues, in dortiger Gegend einen starken Einfluß ausübte.

Sehen wir uns noch einmal das Bild, welches uns die graphischen Linien im allgemeinen geben, an, und lassen wir den etwas hohen Stand der Heupreise in Querfurt unbeachtet, so erkennen wir, daß im Osten der Saale die Preise für Heu, ebenso wie um Eisleben herum, relativ niedrige zu nennen sind, gegenüber den Preisen, welche an der Saale von Halle bis Naumburg gezahlt wurden. Unsere Vermutung, daß in der höheren Lage, im Westen der Saale, die Preise vielleicht relativ höher wären, ist also im allgemeinen nicht eingetroffen; dagegen mag die Nähe des fruchtbaren Unstrutthales und des Riedes[1]) unweit Sangerhausens eine Einwirkung ausüben.

Von Bedeutung für die Höhe der lokalen Heupreise ist jedenfalls die Entwickelung des Heuhandels. Delitzsch, welches ebenfalls höher als die benachbarten Städte Bitterfeld und Eilenburg, auf geringem, sandigem Boden liegt, hat keinen ausgedehnten Heuhandel aufzuweisen, und stehen deshalb hier die Preise um 18 °/₀ niedriger als in Bitterfeld, und um ca. 5 °/₀ niedriger als in Eilenburg, wogegen Torgau an der Elbe Preise aufweist, welche ungefähr in der Mitte zwischen Eilenburg und Delitzsch stehen.

Die Erscheinung, daß die Heupreise in Bitterfeld, Merseburg und Weißenfels, gegenüber den Preisen in den Nachbarstädten, relativ so hoch sind, obgleich sie an wiesenreichen Flußthälern liegen, wo der Bedarf doch sicherlich leichter gedeckt werden kann, findet ihre Erklärung für Bitterfeld

---

1) Das Ried ist ein kleiner Landstrich, welcher an Wiesen reich ist.

gewiß in seiner blühenden Industrie, — wie ja auch Eisleben höhere Preise zeigt als Sangerhausen und Hettstedt — für Merseburg und Weißenfels aber durch bessere Entwickelung des Heuhandels, weil aus ihrer Umgebung viel Heu nach Leipzig ausgeführt wird; auch spricht dabei sicherlich die Notwendigkeit der Befriedigung des dort stationierten Kavallerieregiments in etwas mit.

Zugleich wollen wir hier noch eine andere Frage berühren. Krämer[1] behauptet, daß man an den Orten, wo kein Marktpreis für Heu zu ermitteln sei, oder wenn derselbe so unnormal hoch erscheine, die Marktpreise benachbarter Verkehrsgebiete unverzüglich heranziehen könne.

Prüfen wir nun diese Behauptung an den uns vorliegenden Beispielen, so war weiter oben angedeutet, daß das gefundene Ergebnis aus den Preisnotizen für Heu in Querfurt unnormal zu sein scheine. Aber aus welchem Nachbarbezirke sollte man den Ergänzungspreis wählen? Die Durchschnittspreise der Marktgebiete in Osten von Querfurt zeigen uns, daß dort die Butterpreise, welche in Querfurt sicherlich hohe sind, relativ niedrig stehen, während die Fleischpreise sich gerade umgekehrt verhalten, und Hafer nebst Roggen dort wie hier ziemlich parallel laufen.

Wollten wir dennoch diese Preise irgend welchen Berechnungen zu Grunde legen, so würde dies doch mit großen Unzuträglichkeiten verbunden sein, weil sich gar kein Anhalt bietet, zu erfahren, für welche Qualitäten Heu die betreffenden Preise gezahlt wurden; es ist aber als sicher anzunehmen, daß das Heu aus dem Flußthale eine ganz andere Zusammensetzung hat, als dasjenige, welches bei Querfurt gewonnen wird. Deshalb haben wir keine Bürgschaft dafür, daß wir nach Maßgabe der bestimmten wirtschaftlichen Verhältnisse, welche absolut zu berücksichtigen sind, mit jenen Heupreisen rechnen dürfen.

Wendet man sich aber an die benachbarten Marktbezirke im Westen, so finden wir teils niedrigere, teils fast ebenso hohe Butterpreise, wie am eigenen Orte; die Fleischpreise

---

1) **Adolf Krämer**, Buchführung, Bonn, 1881, S. 63.

differieren mit den heimischen — Roggen und Hafer stehen über dem mittleren Durchschnitt — während die wirklich gezahlten Heupreise relativ so niedrig stehen, daß sie für die wirtschaftlichen Momente, welche wir zu berücksichtigen haben, wenn wir nicht ungerecht sein wollen, absolut nicht anwendbar sind.

Ähnliches ließe sich auch für Bitterfeld nachweisen, und geht daraus hervor, daß ganz andere Verhältnisse als die uns vorliegenden, obwalten müssen, wenn man den Heupreis benachbarter Bezirke bei landwirtschaftlichen Berechnungen zu Grunde legen will.

Wir wollen nun noch untersuchen, wie sich die Schwankungen der Heupreise zu denen der übrigen genannten Produkte in ganz kurzen Zeiträumen gestalten. Zu diesem Zweck lassen wir hier eine Preistabelle aus sämtlichen 12 Provinzen des Königreichs Preußen (jetzigen Bestandes), und zwar für die 3 Jahre von 1883—85, folgen. Die Tabelle I A zeigte, daß die Preise in der fünfjährigen Periode von 1881—85 gegen die des vorangegangenen Jahrzehnts gesunken waren. Durch die nachstehende Tabelle werden wir erfahren, ob das Sinken der Preise mehr gleichmäßig oder mehr unregelmäßig vor sich gegangen ist. Zugleich sollen die Unterschiede berechnet und dann die Differenzen von 1884—85 in Prozenten angegeben werden.

Die Ergebnisse sind folgende [1]):

Ostpreußen.

	Heu 100 kg.		Rindfleisch 1 kg.		Butter 1 kg.		Hafer 100 kg.		Roggen 100 kg.	
1883	5,45	Diff.	1,02	Diff.	2,14	Diff.	13,00	Diff.	13,40	Diff.
		— 0,60		— 0,00		— 0,10		— 0,10		— 0,30
1884	4,85		1,02		2,04		12,90		13,10	
		— 0,65		— 0,01		— 0,15		+ 0,10		— 0,00
1885	4,20		1,01		1,89		13,00		13,10	
Diff 84—85 in % v. d. Preisen v. 85.	15,5		0,99		7,35		0,77		—	

---

[1]) Die Zahlen sind entnommen der Zeitschrift des Königl. preuß. stat. Büreaus, Berlin, 1886.

— 32 —

Westpreußen.

	Heu 100 kg.		Rindfleisch 1 kg.		Butter 1 kg.		Hafer 100 kg.		Roggen 100 kg.	
1883	5,25	Diff.	1,02	Diff.	2,09	Diff.	14,20	Diff.	14,30	Diff.
		— 0,20		— 0,02		— 0,02		— 0,20		— 0,60
1884	5,05		1,00		2,07		14,00		13,70	
		— 0,70		— 0,00		— 0,10		— 0,70		— 0,90
1885	4,35		1,00		1,97		13,30		12,80	
Diff. 84—85 i. % von 1885.	16,5		—		4,88		5,01		6,57	

Brandenburg.

1883	6,05		1,13		2,27		14,90		15,50	
		— 0,40		— 0,00		— 0,03		— 0,40		— 1,10
1884	5,65		1,13		2,24		14,50		14,40	
		— 0,80		+ 0,02		— 0,04		+ 0,30		— 0,50
1885	4,85		1,15		2,20		14,80		13,90	
Diff. 84—85 i. % von 1885.	16,5		1,77		1,78		2,07		3,47	

Pommern.

1883	4,80		1,12		2,23		14,50		14,60	
		— 0,00		— 0,01		— 0,06		— 0,40		— 0,60
1884	4,80		1,11		2,17		14,10		14,00	
		— 0,40		— 0,03		— 0,14		— 0,50		— 0,70
1885	4,40		1,08		2,03		13,60		13,30	
Diff. 84—85 i. % von 1885.	9,1		2,17		6,45		3,54		5,0	

Posen.

1883	5,55		1,07		2,18		14,10		14,50	
		— 0,25		+ 0,01		— 0,04		— 0,10		— 0,10
1884	5,25		1,08		2,14		14,00		13,80	
		— 0,60		—		— 0,13		— 0,60		— 0,90
1885	4,65		1,08		2,01		13,40		12,90	
Diff. 84—85 i. % von 1885.	13,6		—		6,07		4,28		6,62	

Schlesien.

1883	6,60		1,00		2,10		13,80		15,30	
		— 0,50		—		— 0,04		— 0,20		— 0,90
1884	6,10		1,00		2,06		13,60		14,40	
		— 0,50		—		— 0,04		—		— 0,80
1885	5,60		1,00		2,02		13,60		13,60	
Diff. 84—85 i. % von 1885.	8,9		—		1,94		—		5,55	

Sachsen.

	Heu 100 kg. Diff.	Rindfleisch 1 kg. Diff.	Butter 1 kg. Diff.	Hafer 100 kg. Diff.	Roggen 100 kg. Diff.
1883	7,85	1,24	2,39	15,10	15,80
	— 0,65	—	— 0,04	— 0,40	— 0,50
1884	7,20	1,24	2,35	14,70	15,30
	— 1,10	—	— 0,07	— 0,10	— 0,60
1885	6,10	1,24	2,28	14,60	14,70
Diff. 84—85 l. % von 1885.	18,0	—	2,98	0,68	3,92

Schleswig-Holstein.

1883	8,15	1,44	2,28	15,00	15,00
	— 1,10	— 0,01	—	— 0,30	— 0,40
1884	7,05	1,43	2,28	14,70	14,60
	— 1,45	— 0,01	— 0,14	— 0,20	— 0,20
1885	5,60	1,42	2,14	14,50	14,40
Diff. 84—85 l. % von 1885.	25,9	0,7	6,14	1,37	1,37

Hannover

1883	6,40	1,32	2,16	15,00	15,80
	— 0,75	+ 0,01	— 0,02	— 0,20	— 0,20
1884	5,65	1,33	2,14	14,80	15,10
	— 0,90	—	— 0,07	— 0,40	—
1885	4,75	1,33	2,07	14,40	15,10
Diff. 84—85 l. % von 1885.	19,00	—	3,27	2,70	—

Westfalen.

1883	7,10	1,28	2,12	15,20	15,10
	— 0,80	—	— 0,02	— 0,40	— 0,30
1884	6,30	1,28	2,10	14,80	14,80
	— 0,70	— 0,01	— 0,07	+ 0,40	+ 0,40
1885	5,60	1,27	2,03	15,20	15,20
Diff 84—85 l. % von 1885.	12,5	0,77	3,38	2,70	2,70

Hessen-Nassau.

1883	6,25	1,30	2,19	14,90	16,40
	— 0,45	— 0,01	— 0,00	— 0,30	— 0,30
1884	5,80	1,29	2,19	14,60	16,10
	— 0,35	— 0,01	— 0,09	— 0,90	— 0,40
1885	5,45	1,28	2,10	13,70	15,70
Diff. 84—85 l. % von 1885.	6,4	0,77	4,11	6,16	2,48

Rheinland.

1883	7,90	1,37	2,39	15,20	15,70
	— 0,45	— 0,01	—	— 0,20	— 0,30
1884	7,45	1,36	2,39	15,00	15,40
	— 0,75	— 0,03	— 0,16	—	—
1885	6,70	1,33	2,23	15,00	15,40
Diff 84—85 l. % von 1885.	11,2	2,10	6,70	—	—

Werden die gefundenen Differenzen zwischen 1883—84 und 1884—85 miteinander verglichen, so ergiebt sich aus ihnen, daß die Preise im allgemeinen von 1884—85 etwas stärker gefallen sind, jedoch betragen die Unterschiede im ganzen nur wenige Prozente.

Um aber die Schwankungen von 1884—85 besser miteinander vergleichen zu können, sind sie hier noch einmal in einer Tabelle zusammengefaßt.

Differenzen von 1884/1885 in % der Preise von 1885.

	Heu	Rindfleisch	Butter	Hafer	Roggen
	%	%	%	%	%
Ostpreußen	15,5	0,99	7,33	0,77	—
Westpreußen . . .	16,1	—	4,88	5,00	6,67
Brandenburg . . .	16,5	1,77	1,78	2,07	3,47
Pommern	9,0	2,70	6,45	3,54	5,00
Posen	13,6	—	6,07	4,88	6,52
Schlesien	8,9	—	1,94	—	5,55
Sachsen	18,0	—	2,98	0,68	3,92
Schleswig-Holstein. .	25,9	0,70	6,14	1,37	1,37
Hannover	19,0	—	3,27	2,70	—
Westfalen	12,5	0,78	3,88	2,70	2,70
Hessen-Nassau . . .	6,4	0,77	4,11	6,16	2,68
Rheinlande	11,8	2,10	6,70	—	—
Durchschnittlich	**14,4**	**1,40**	**4,41**	**2,44**	**3,12**

Diese Mittel zeigen uns, daß auch in 2 aufeinanderfolgenden Jahren in den 12 Provinzen Preußens (jetzigen Bestandes) die Heupreise, obgleich sämtliche Preise entschieden die Tendenz hatten, zu sinken, wiederum von allen am stärksten fielen, wodurch ihre große Unsicherheit noch einmal bestätigt wird.

Ermittelt man nun, wieviel Gewichtseinheiten der übrigen Produkte man für den Preis von 100 kg Heu in den Jahren 1884 und 1885 erhalten konnte, so ergiebt sich nachstehende Tabelle.

Der Marktpreis von 100 kg Heu war gleich dem Preise von:

	Rindfleisch			Butter			Hafer			Roggen		
	1884	1885	Diff.	1884	1885	Diff.	1884	1885	Diff.	1884	1885	Diff.
	kg			kg			kg			kg		
Ostpreußen	4,75	4,15	0,60	2,38	2,22	0,16	37,60	32,30	5,30	37,02	32,06	4,96
Westpreußen	5,05	4,35	0,70	2,44	2,20	0,24	36,07	32,70	3,37	36,85	34,00	2,85
Brandenburg	5,00	4,21	0,79	2,52	2,20	0,32	38,93	33,38	5,55	39,23	35,61	3,62
Pommern	4,32	4,07	0,25	2,22	2,16	0,06	34,04	32,80	1,24	34,28	33,53	0,75
Posen	4,77	4,30	0,47	2,54	2,30	0,24	37,50	34,70	2,80	38,04	36,04	2,00
Schlesien	6,10	5,60	0,50	2,97	2,77	0,20	44,85	41,18	3,67	42,36	41,18	1,18
Sachsen	5,80	4,92	0,88	3,06	2,66	0,40	49,00	41,78	7,22	47,05	41,00	5,05
Schlesw.-Hlst	4,93	3,93	1,00	3,09	2,61	0,48	48,00	38,62	9,38	48,30	38,88	9,42
Hannover	4,26	3,57	0,69	2,65	2,25	0,40	38,18	32,98	5,20	37,41	31,41	5,00
Westfalen	4,92	4,40	0,52	3,00	2,75	0,25	42,56	36,84	5,72	42,76	36,84	5,92
Hessen-Nassau	4,49	4,41	0,08	2,68	2,68		39,71	41,24	1,53	36,02	36,02	
Rheinprovinz	5,47	5,03	0,44	3,12	3,00	0,12	49,66	44,66	5,00	48,35	43,25	5,10
Mittel:	5,00	4,50	0,50	2,72	2,32	0,40	41,34	37,29	4,24	40,80	37,54	3,26

Aus vorstehenden Zahlen ergiebt sich: 1) daß in den gleichen Jahren in den verschiedenen Provinzen Preußens der Marktpreis von 100 kg Heu sehr verschiedenen Quantitäten von Rindfleisch und Butter entsprach; 2) daß innerhalb derselben Provinz der Heupreis in dem Jahre 1884 ein wesentlich anderes Verhältnis zu dem Preise von Rindfleisch und Butter hatte wie im Jahre 1885. In der Provinz Schleswig-Holstein z. B. entsprach der Marktpreis von 100 kg Heu:

	Rindfleisch	Butter
	kg	kg
1884	4,93	3,09
1885	3,93	2,61

Hieraus folgt, daß auch in kleineren Zeitabschnitten die Schwankungen der Heupreise so beträchtliche sind, daß man mit vollem Recht die Heupreise als zu unsichere Basis zu landwirtschaftlichen Berechnungen erachten kann.

Da aber die einzelnen Provinzen zu große Flächen bilden, auf welchen in den verschiedenen Gegenden ganz andere wirtschaftliche Faktoren zu berücksichtigen sind, so erübrigt uns noch, Untersuchungen über die Preisschwankungen in zwei aufeinanderfolgenden Jahren in kleineren Bezirken anzustellen, wie schon weiter oben über einen Teil des Regierungsbezirks Merseburg.

Zu diesem Zwecke wurden folgende 8 Provinzen und in diesen 6 unweit voneinanderliegende Städte gewählt. Es sind:

In Westpreußen:
Danzig, Elbing, Marienburg, Thorn, Kulm, Graudenz.

In Ostpreußen:
Memel, Königsberg, Braunsberg, Tilsit, Gumbinnen und Insterburg.

In Brandenburg:
Frankfurt a. O., Schwiebus, Sommerfeld, Guben, Kottbus, Sorau.

In Schlesien:
Königshütte, Beuthen, Kattowitz, Ratibor, Leobschütz, Neustadt.

In Schleswig-Holstein:
Hadersleben, Flensburg, Schleswig, Kiel, Neumünster, Rendsburg.

In Hannover:
Hannover, Hameln, Hildesheim, Goslar, Göttingen, Klausthal.

In Hessen-Nassau:
Marburg, Fulda, Hanau, Wiesbaden, Homburg, Frankfurt a. M.

Im Rheinlande:
Kleve, Goch, Wesel, Krefeld, Duisburg, Essen.

Die Resultate sind in folgender Tabelle enthalten:

— 37 —

	Heu			Kindfleisch				Butter				Hafer			Roggen		
	1884	1885	Diff.	%	1884	1885	Diff.	%	1884	1885	Diff.	%	1884	1885	Diff.	1884	1885	Diff.
Ostpreussen:																		
Memel	3,80	3,40	0,40	11,76	1,10	1,15	0,05	4,5	1,87	1,70	0,17	10,0	13,26	13,66	0,40	13,85	13,84	0,01
Königsberg	4,80	3,84	0,96	21,82	1,12	1,06	0,06	5,6	2,30	2,15	0,15	6,9	13,07	13,11	0,04	13,25	12,97	0,28
Braunsberg	4,50	4,00	0,50	12,50	1,09	1,05	0,04	3,8	1,94	1,83	0,11	6,0	14,02	12,85	1,17	13,64	13,02	0,62
Tilsit	5,67	4,26	1,41	33,09	0,86	0,90	0,04	4,4	1,89	1,63	0,26	15,9	11,90	12,32	0,42	12,67	12,83	0,16
Gumbinnen	5,08	5,33	0,25	4,69	0,98	1,04	0,06	5,7	2,16	2,03	0,13	6,4	13,45	13,46	0,01	13,01	13,00	0,01
Insterburg	4,80	4,35	0,45	10,34	0,97	0,87	0,10	11,5	2,07	1,87	0,20	10,6	11,83	12,35	0,52	12,65	12,83	0,18
Westpreussen:																		
Danzig	5,15	3,98	1,17	29,39	1,14	1,14	—	—	2,38	2,27	0,11	5,0	13,52	12,90	0,62	13,44	12,98	0,46
Elbing	5,34	4,30	1,04	24,18	0,93	1,03	0,10	9,4	2,00	1,90	0,10	5,6	12,68	12,60	0,08	13,18	12,70	0,48
Marienburg	4,55	4,30	0,25	5,81	0,89	0,90	0,01	1,1	1,93	1,93	0,01	0,5	15,28	14,36	0,92	13,55	13,10	1,45
Thorn	5,90	5,30	0,60	11,32	1,10	1,06	0,04	3,8	2,10	1,98	0,18	9,4	13,95	13,80	0,15	14,26	14,15	0,11
Kulm	4,26	4,10	0,26	6,34	0,95	0,95	—	—	1,90	1,73	0,17	9,7	14,36	13,60	0,76	12,07	12,30	0,37
Graudenz	4,35	4,36	0,01	0,33	0,97	0,86	0,11	12,8	2,22	2,15	0,07	3,5	14,12	14,00	0,12	14,60	13,90	0,70
Brandenburg:																		
Frankfurt a. O.	5,70	5,30	0,40	7,54	1,20	1,20	—	—	2,31	2,22	0,09	4,0	14,40	14,80	0,40	14,15	12,85	1,30
Schwiebus	4,60	3,30	1,30	39,39	0,95	0,95	—	—	2,02	1,93	0,09	4,6	14,70	14,10	0,60	13,52	12,90	0,62
Sommerfeld	6,10	5,20	0,90	17,31	1,07	1,10	0,03	2,8	2,07	1,98	0,09	4,6	14,80	15,10	0,30	14,97	14,20	0,77
Guben	5,50	6,00	0,50	8,33	0,99	1,02	0,03	2,9	2,21	2,14	0,07	3,3	14,70	15,00	0,30	14,55	14,00	0,55
Kottbus	6,40	6,00	0,40	6,66	1,00	1,30	0,30	23,1	2,28	2,25	0,03	1,3	15,20	15,50	0,30	14,70	14,10	0,60
Sorau	5,20	4,90	0,30	6,12	1,01	0,95	0,06	6,3	2,01	2,01	—	—	14,90	14,80	0,10	14,50	13,80	0,70
Schlesien:																		
Königshütte	7,80	6,70	1,10	16,42	1,01	0,97	0,04	4,1	2,55	2,50	0,05	2,0	13,50	14,00	0,50	14,00	13,70	0,30
Beuthen	7,20	6,10	1,10	18,03	1,77	1,10	0,07	6,4	2,32	2,23	0,09	4,0	13,70	13,50	0,20	14,00	13,70	0,30
Kattowitz	7,80	6,50	1,30	20,00	1,13	1,05	0,08	7,6	2,40	2,20	0,20	9,1	13,80	14,40	0,60	14,40	13,70	0,70
Rtibor	6,40	4,70	1,70	36,02	1,03	1,00	0,03	3,0	2,00	1,79	0,21	11,6	13,63	12,97	0,66	14,50	13,30	1,20
Leobschütz	5,90	4,30	1,60	37,21	0,95	0,95	—	—	1,61	1,60	0,01	0,6	13,00	12,80	0,80	14,10	13,00	1,10
Neustadt	7,60	6,40	1,20	18,75	0,99	0,95	0,40	4,2	1,73	1,65	0,08	0,5	13,40	13,00	0,40	15,30	13,60	1,70

— 38 —

	Heu 1884	Heu 1885	Heu Diff.	Heu %	Rindfleisch 1884	Rindfleisch 1885	Rindfleisch Diff.	Rindfleisch %	Butter 1884	Butter 1885	Butter Diff.	Butter %	Hafer 1884	Hafer 1885	Hafer Diff.	Roggen 1884	Roggen 1885	Roggen Diff.
Schleswig-Holstein																		
Hadersleben	7,70	7,50	0,20	2,67	1,31	1,32	0,01	1,0	2,03	1,84	0,19	10,3	13,22	13,10	0,12	15,05	14,65	0,40
Flensburg	8,50	6,14	2,36	38,44	1,87	1,98	0,04	2,3	1,98	1,82	0,16	8,1	15,20	14,50	0,70	15,17	14,82	0,35
Schleswig	5,85	4,80	1,05	21,87	1,50	1,14	0,14	1,4	2,15	2,01	0,14	6,5	13,30	14,27	0,97	14,19	14,64	0,32
Kiel	7,55	5,32	2,23	41,92	1,48	1,50	0,02	2,99	2,39	2,30	0,09	3,9	14,40	14,48	0,08	14,28	14,60	0,32
Neumünster	6,54	5,50	1,04	18,91	1,35	1,35	—	—	2,10	1,98	0,22	6,0	16,10	15,33	0,77	14,90	14,72	0,18
Randsburg	6,97	5,45	1,52	27,89	1,50	1,47	0,03	2,7	2,10	1,93	0,17	8,8	15,02	15,20	0,18	15,83	15,16	0,07
Hannover																		
Hannover	5,56	4,38	1,18	26,94	1,27	1,28	0,01	6,9	2,16	2,03	0,13	6,4	15,22	14,93	0,29	14,99	15,40	0,11
Hameln	6,15	5,50	0,65	11,82	1,40	1,40	—	5,1	2,06	1,95	0,10	5,0	15,30	14,60	0,70	15,10	14,70	0,40
Hildesheim	5,76	5,75	0,01	0,17	1,30	1,28	0,04	1,6	2,13	2,13	—	—	14,75	14,48	0,35	14,80	14,30	0,50
Goslar	5,88	5,22	0,64	12,86	1,95	1,89	0,04	3,1	2,55	2,56	—	—	14,70	14,60	0,10	14,70	14,60	0,10
Göttingen	5,60	5,20	0,40	7,69	1,50	1,35	0,05	4,0	2,88	2,14	0,14	6,5	14,54	14,06	0,49	15,30	15,50	0,20
Klausthal	4,92	3,75	1,17	31,20	1,30	1,25	—	—	2,85	2,33	0,02	0,8	16,33	15,60	0,73	16,70	16,25	0,45
Hessen-Nassau																		
Marburg	5,60	5,04	0,56	11,11	1,30	1,30	—	—	2,01	1,96	0,05	2,6	14,83	14,40	0,43	16,05	15,74	0,69
Fulda	5,20	5,36	0,06	1,19	1,32	1,18	—	3,4	2,00	2,00	0,10	5,0	13,88	13,70	0,18	16,12	15,14	0,98
Hanau	5,80	5,88	0,06	1,02	1,23	1,21	0,02	1,7	2,92	2,13	0,05	2,3	14,60	14,75	0,15	16,23	15,65	0,58
Wiesbaden	6,30	5,67	0,63	11,11	1,31	1,31	—	—	2,84	2,56	0,28	6,2	14,62	14,48	0,34	16,14	15,74	0,40
Homburg	6,20	5,40	0,80	14,71	1,40	1,40	—	—	2,98	2,29	0,14	11,7	14,98	14,95	0,12	15,83	15,80	0,03
Frankfurt a. M.	6,14	6,10	0,04	0,61	1,20	1,20	—	—	2,27	2,06	0,21	10,2	14,83	15,03	0,19	15,65	15,72	0,07
Rheinprovinz																		
Kleve	8,70	7,82	0,88	11,25	1,45	1,34	0,11	8,2	2,19	1,92	0,27	14,1	14,95	14,83	0,12	15,01	15,40	0,39
Goch	9,00	8,89	0,11	1,24	1,23	1,20	0,03	2,4	2,02	1,95	0,07	3,6	14,48	14,40	0,18	14,80	15,07	0,87
Wesel	7,03	6,62	0,41	6,19	1,60	1,50	—	—	2,04	1,97	0,07	3,5	14,75	14,10	0,35	15,05	15,40	0,35
Krefeld	5,32	4,89	0,34	14,71	1,20	1,20	0,05	4,2	2,29	2,05	0,24	11,7	14,96	14,70	0,34	15,38	15,07	0,31
Duisburg	7,59	8,00	0,10	5,13	1,25	1,26	0,19	15,0	2,32	2,29	0,23	10,0	14,97	14,70	0,27	15,10	16,60	0,50
Essen	7,75	7,20	0,55	7,64	1,34	1,16	0,18	15,0	2,53	2,44	0,09	4,0	15,34	15,54	0,20	15,82	15,20	0,40

Aus dieser Tabelle ersieht man die Schwankungen der Preise während der beiden Jahre 1884—85 in kleineren Bezirken und in Prozenten. Sie differierten:

	bei Heu		bei Butter		bei Rindfleisch	
In engeren Bezirk	von	bis	von	bis	von	bis
in Ostpreußen	4,69	—33,09 %	3,8	—11,3 %	6,0	—15,9 %
„ Westpreußen	0,23	—29,39 „	0,0	— 9,1 „	0,5	— 9,7 „
„ Brandenburg	6,12	—39,39 „	0,0	—23,1 „	0,0	— 4,6 „
„ Schlesien	16,42	—37,21 „	0,0	— 7,6 „	0,5	—11,6 „
„ Schleswig-Holstein	2,67	—41,92 „	0,0	— 2,8 „	3,9	—10,8 „
„ Hannover	0,17	—31,20 „	0,0	— 4,0 „	0,0	— 6,8 „
„ Hessen-Nassau	0,61	—11,11 „	0,0	— 3,4 „	0,0	—10,2 „
„ Rheinprovinz	5,13	—14,71 „	0,0	—15,0 „	3,5	—14,1 „

Diese wenigen Zahlen beweisen besser als viele Worte, dass die Preise des Heues in engen Bezirken innerhalb Jahresfrist viel mehr hin und her schwanken und voneinander abweichen als die Preise der übrigen genannten Produkte und wird dadurch ihre große Unsicherheit aufs neue bewiesen.

Auf die Schwankungen der Monatspreise für Heu innerhalb ein und desselben Jahres wollen wir hier nicht eingehen, da diese für die vorliegende Frage von zu geringer Bedeutung sind. Dagegen wird es nicht uninteressant sein, festzustellen, wie sich die Heupreise im Herbste verhalten gegen die Heupreise sowohl des vergangenen wie des folgenden Frühjahres. Wir benutzen dazu einige uns zu Gebote stehende Zahlen aus der Provinz Sachsen, bezw. auch Thüringen.

Es wurden z. B. bezahlt für 100 kg Heu in den Monaten März und September während der 10 Jahre 1878—1888:

	In Bitterfeld[1] März—Septbr.	Halle a. S. März—Septbr.	Naumburg März—Septbr.	Jena[2] März—Septbr.
1878	7,00—6,00	6,25—7,00	7,86—7,25	
1879	7,00—8,00	8,00—7,50	7,25—6,25	
1880	8,50—8,00	7,85—7,85	7,75—7,60	
1881	9,00—8,00	7,50—8,19	8,15—8,85	
1882	10,00—8,50	8,85—8,65	9,25—7,50	
1883	10,00—9,00	8,50—8,50	9,00—7,82	— 6,00
1884	10,00—8,00	8,50—7,55	8,75—6,22	7,50—7,00
1885	8,00—8,00	7,72—7 00	6,50—7,89	7,50—7,25
1886	8,00—7,50	7,23—7,50	7,50—6,34	8,00—7,50
1887	7,50—6,00	7,00—6,50	7,42—6,25	8,00—7,00
1888	7,00—7,50	7,10—7,50	7,25—7,42	7,50—7,50

Der fettere Druck deutet die Jahre an, welche von der Regel abweichen. Man kann aus diesen Zahlen erkennen, daß das Heu in der größten Mehrzahl der Fälle im März höher bezahlt wird als im vorhergehenden und nachfolgenden September, wofür aus den Grundlagen zu den oben angeführten Zahlenreihen noch viel mehr Beweise hätten gebracht werden können.

Aus den Schwankungen der Frühjahrs- und Herbstpreise, je nachdem letztere höher oder tiefer stehen als erstere, kann man zugleich Schlüsse ziehen auf die schlechte oder bessere Heuernte; denn wenn die Marktpreise im Herbste höher steigen, als sie im letzten Frühjahr waren, so muß die dazwischen stattgehabte Ernte wohl weniger reichlich oder sogar schlecht gewesen sein.

Schreibt man nun die Tabelle um, so daß man die Preisschwankungen für eine und dieselbe Ernte vom September des einen bis zum März des anderen Jahres erhält, so bekommt man ein klareres Bild für obige Behauptung der Preissteigerung im Frühjahr:

---

1) Die Zahlen sind den Preisnotizen des Amtsblattes für den Regierungsbezirk Merseburg entnommen.

2) Diese Zahlen verdanke ich der Güte des Herrn Kaufmann Schroth, Jena.

| | Bitterfeld | Halle a. S. | Naumburg | Jena |
	Septbr.—März	Septbr.—März	Septbr.—März	Septbr.—März
1878—79	6,00— 7,00	7,00—8,00	7,25—7,25	
1879—80	8,00— 8,50	7,50—7,85	6,25—7,75	
1880—81	8,00— 9,00	7,65—7,50	7,60—8,15	
1881—82	8,00—10,00	8,19—8,85	8,85—9,25	
1882—83	8,50—10,00	8,65—8,50	7,50—9,00	
1883—84	9,00—10,00	8,50—8,50	7,92—8,75	6,00—7,50
1884—85	8,00— 8,00	7,55—7,78	6.22—6,50	7,00—7,50
1885—86	8,00— 8,00	7,00—7,28	7,89—7,50	7,25—8,00
1886—87	7,50— 7,50	7,50—7,00	6,34—7,42	7,75—8,00
1887—88	6,00— 7,00	6,50—7,10	6,25—7,25	7,00—7,50

Diese Tabelle zeigt, daß die Marktpreise des Heues in mehr denn 80 °/₀ der Fälle im Frühjahr höher stehen als im vorangegangenen Herbste, doch kommen auch Preisgleichheiten vor. Alle Zahlen, welche hier erwähnte Ausnahmen zeigen, sind deshalb fett gedruckt.

II. Die Ursachen, welche für die Gestaltung der Marktpreise des Heues massgebend sind.

Aus dem Vorhergehenden war ersichtlich, daß die Heupreise sowohl in kürzeren wie in längeren Zeitperioden auf kleineren, wie auf größeren Raumflächen meist beträchtlich voneinander abweichen und sich ganz anders verhalten als die Preise anderer landwirtschaftlicher Produkte, namentlich als diejenigen von Butter und Rindfleisch; dies nicht nur absolut, sondern auch in bezug auf die Preisschwankungen.

In Nachstehendem soll nun untersucht werden, welches wohl die Ursachen zu einem solchen Verhalten der Preise des Heues sein können.

Dazu müssen wir uns vor allen Dingen darüber orientieren, wer Käufer des Heues ist und in welchem Verhältnis das Bedürfnis nach Heu zu dem Quantum steht, welches jährlich produziert wird.

Hierauf lautet die Antwort: Das bei weitem größte Quantum des zum Verkauf kommenden Heues wird gebraucht von einem Teile der Stadtbewohner, welche selbst nur wenig oder gar kein Heu produzieren können, aber dennoch aus irgend einem Grunde von Heu sich nährende Tiere halten müssen oder wollen. Hierher gehören Pferdebahn- und Omnibusgesellschaften, sonstige Fuhrhalter und Spediteure, Fabrikbesitzer, Kaufleute, kleinere Händler und vor allen Dingen das Militär. Auch können durch Mißwachs und schlechte Ernten Landwirte und andere Landbewohner, welche sonst fähig wären, ihren Bedarf durch eigene Ernten zu decken, gezwungen werden, als Käufer von

Heu aufzutreten. Jedoch ist letzteres nur ausnahmsweise der Fall.

Diesen gegenüber stehen die Besitzer derjenigen heufressenden Tiere, welche auf dem Lande und zu landwirtschaftlichen Zwecken gehalten werden und für welche das notwendige Quantum Futter meist in der eigenen Wirtschaft erzeugt und zurückgehalten wird.

Sehen wir uns die Statistik daraufhin an, so finden wir, daß die letzte Viehzählung in Deutschland vom 10. Januar 1883 folgende Ergebnisse aufweist [1]):

Pferde:

waren überhaupt vorhanden	3 522 316 St.
davon zu landwirtschaftlichen Arbeiten	2 228 528 „
Fohlen bis dreijährige	573 218 „
Zuchthengste	13 822 „
Auf dem Lande in Summa:	2 815 568 St.
dagegen Militärpferde	107 147 St.
alle anderen 2- und mehrjähr. Pferde	613 423 „
In den Städten in Summa:	720 570 St.

Folglich verhält sich die Summe der in den Städten gehaltenen Pferde, für welche das Heu meist gekauft werden mußte, zu den Pferden, welche auf dem Lande zu finden waren, wie 1 : 3,90.

Also wurde für ca. $1/_5$ aller vorhandenen Pferde das Heu gekauft, während für nahezu viermal soviel Tiere das notwendige Futter in den Wirtschaften zurückgehalten werden mußte.

Außer den Pferden kommen noch in Betracht **Rinder, Schafe** und **Ziegen.**

Im Deutschen Reiche betrug 1883 die Zahl der Rinder, welche doch meist von Landwirten gehalten werden:

2 Jahre alt und älter	10 717 136 [2])
Jungvieh und Kälber	5 077 182
In Summa:	15 794 318

---

1) Diese Zahlen sind entnommen „den Monatsheften zur Statistik des deutschen Reiches", Berlin 1884, Juniheft, VI. S. 1 u. ff.

2) Die Kühe hatten zur Zeit der Zählung durchschnittlich nur ein Lebendgewicht von 380 kg, während die Bullen und Ochsen 466 kg gewogen haben.

Rechnet man nun auf 1 Pferd 1 1/2 St. Rindvieh, so ergiebt dies: 10 530 000 St. Pferde, obgleich ein Rind an und für sich bedeutend mehr Heu brauchte, wir aber zu gunsten der Pferde bedenken müssen, daß es auch viele Rinder giebt, welche kein Heu bekommen, und daß die Kälber eingerechnet sind.

Ferner wurden gehalten:

Schafe und Ziegen in Summa: 21 825 356 St.

Rechnet man 15 Stück auf 1 Pferd, so erhalten wir: 1 455 032.

Somit werden im ganzen in der Landwirtschaft heufressende Tiere gehalten:

>   2 815 568 Pferde
>   10 530 000   „   (in Rindern)
>   1 455 032   „   (in Schafen)
>   ─────────────────────────────────
> In Summa: 14 800 600 Pferde. Diesen gegenüber stehen 720 570 St. (anderweitig gehalten).

Hieraus erhellt, daß nur etwa für $1/20$ der Heu fressenden Tiere das letztere gekauft wird, dagegen für $19/20$ in den Wirtschaften, wo sich die Tiere befinden, erzeugt und zum eigenen Verbrauch zurückgehalten werden muß. Das Bedürfnis, das Heu in der Wirtschaft zurückzuhalten, ist daher 19 mal größer als der Drang zum Angebot desselben für den Verkauf.

Die Zahl derjenigen Personen, welche in den Städten Tiere halten, schwankt aber nicht von Jahr zu Jahr so beträchtlich, daß dadurch das Bedürfnis nach Heu im großen und ganzen beeinflußt würde, deshalb bleibt die Nachfrage nach diesem dieselbe und immer gleichmäßig intensiv.

Ganz anders verhält es sich aber mit dem Angebot. Die Ernteerträge schwanken beträchtlich. Eine gute Mittelernte ist zu machen, um das gesamte Bedürfnis nach Heu zu befriedigen, so daß also nur eine gute Heuernte einen gewissen Überschuß ergiebt. In solchen Jahren wird das Heu sicherlich billiger zu erhalten sein.

Die guten Jahre gehören aber bekanntlich zu den selteneren und oft kommen nach mehreren Mittelernten, wo

Vorräte nicht angesammelt werden konnten, ein oder mehrere Jahre mit geringeren Erträgen. Bleiben dann diese nur um 5% hinter dem normalen Bedürfnis zurück, welche Differenz in Wirklichkeit oft übertroffen wird, so fehlt eigentlich das Heu zum Verkauf, denn $1/20$ der Gesamtmasse entspricht genau 5%.

Dennoch machen es die Landwirte möglich, ihre Tiere mit anderen Futtermitteln zu ernähren, um den Pferdehaltern in den Städten das Quantum Heu, welches diese für ihre Tiere absolut haben müssen, abtreten zu können.

Das Angebot ist aber sicherlich weniger intensiv als die Nachfrage, und diese Thatsache wirkt auf die Preise, die dann unbedingt viel höhere sind. Gerade so wie der Stand der Heupreise im März meist höher ist als im vorhergegangenen Herbste, obgleich man weiß, daß der Nähr- und Nutzeffekt aller Heusorten und somit auch ihr Gebrauchswert im Frühjahr viel geringer geworden ist, als bald nach der Ernte. Trotzdem wird der Verkehrs- oder Tauschwert, für welchen der Marktpreis ein Äquivalent bieten soll, höher, weil die Vorräte abnehmen und das Heu daher seltener wird.

Außerdem kommt noch in Betracht, daß das Volumen des Heues ein beträchtliches ist und daß dasselbe daher im Vergleich zu seinem Werte sehr hohe Transportkosten verursacht, wenn es auf weitere Entfernungen versandt werden soll. Obgleich man ja jetzt bemüht ist, durch Preßvorrichtungen mancher Art diesen Übelstand zu verringern, so kann der Ausgleich der zum Verkauf verfügbaren Vorräte von Heu doch nur in engeren Bezirken stattfinden. Darauf, daß das Größeverhältnis zwischen den städtischen und der ländlichen Bevölkerung auf die Heupreise einen erheblichen Einfluß ausübt und daß die Heupreise in den Gegenden mit starker städtischer Bevölkerung sehr viel höher stehen wie in den Gegenden mit starker ländlicher Bevölkerung, wurde weiter oben hingewiesen.

Ein weiterer auf die Höhe der Heupreise wirkender Umstand ist die Verschiedenheit in der Zusammensetzung und **Qualität** des zum Verkauf kommenden Heues. Je nach der Art der Pflanzen, aus welchen das Heu gebildet ist, unterscheidet man z. B. **Klee-**, **Luzerne-**, **Esparsette-** und **Wiesenheu**; wir unterscheiden ferner zwischen **süßem** und **sauerem** Heu, zwischen **hartem** und **weichem**, **grobem** und **feinem** u. s. w.

Leider kann man bei uns in Deutschland aus den statistischen Aufzeichnungen nicht erkennen, welchen Einfluß diese verschiedenen Qualitäten auf die Höhe der Preise ausgeübt haben, denn hierüber fehlt jede Notiz. Auch ist zu beklagen, daß man nicht weiß, welche Quantitäten zu den verschiedenen Preisen verhandelt wurden und ob die Preise, welche wir in den statistischen Aufzeichnungen finden, aus einer mehr oder weniger großen Anzahl von wirklich stattgehabten Verkäufen entstanden sind, denn ihre Sicherheit wüchse mit der größeren Zahl.

Ein großer Teil der Verkäufe von Heu entzieht sich aber den Preisnotizen vollständig, denn viele Käufer müssen die Landwirte selbst aufsuchen und mit diesen unter der Hand abschließen, ohne daß auf dem öffentlichen Markte davon Notiz genommen wurde.

Deshalb werden die meisten Preisnotizen wohl von Zwischenhändlern und denjenigen entnommen sein, welche in den Städten Magazine halten, um aus diesen nach und nach das Heu an die Konsumenten abzugeben, die oft keinen genügenden Raum haben, um selbst das Heu, welches sie notwendig haben müssen, lagern zu können. In den von diesen gezahlten Preisen sind aber zugleich Zinsen und der Lohn für die Mühewaltung des Zwischenhändlers mit eingeschlossen und sind solche Preise sicherlich höher, als dem Gebrauchswerte des Heues entspricht.

Aus allen diesen Gründen dürften die Marktpreise des Heues, welche wir notiert finden, mit doppelter Vorsicht und Reserve zu betrachten sein, denn dieselben können nicht ohne weiteres in die jeweiligen Verhältnisse übertragen werden, sondern es müßte das vorliegende Heu erst einer Qualitätsbestimmung unterworfen werden.

Daß die letztere aber nicht so einfach ist, hat **Adolf**

Mayer gezeigt[1]). Derselbe berichtet, daß in Holland Heu von so verschiedener Qualität im Handel vorkomme, daß die beste Qualität oft dreimal höher und mehr bezahlt werde als die schlechteste. Er sucht dann festzustellen, ob die chemische Analyse dieser Heusorten mit den enormen Preisdifferenzen parallel gehe, um zu entscheiden, ob sich diejenigen, welche Heu kaufen wollen, der chemischen Analyse bedienen können zur Feststellung der Qualität des betreffenden Heues, wie das bei Kraftfuttermitteln schon lange Zeit der Fall ist. Zu diesem Zweck untersuchte Mayer 4 verschiedene Sorten Heu, von verschiedenen Bodenarten stammend. Es waren folgende Qualitäten und wurden bezahlt mit:

1) Sehr fein (hoch geschätzt) 100 kg. 6,80 M.
2) Von feiner Beschaffenheit (schon weniger
    hoch geschätzt) „ „ 6,62 „
3) Hartes Heu von sogen. Blaugras „ „ 3,74 „
4) Von morastigem Boden (gering) „ „ 2,04 „

Die chemische Analyse dieser 4 Heuarten ergab aber Resultate, welche für die Praxis nicht zu verwenden waren; denn nach ihr wäre das Heu Nr. 3 das beste gewesen. Deshalb wurde die botanische Analyse von allen 4 Sorten vorgenommen und die Ergebnisse dieser gab Fingerzeige, daß in der Praxis zur Bestimmung des Wertes einer Heusorte nur die Pflanzen maßgebend sind, welche dieselbe zusammensetzen, wobei auch noch das mehr oder weniger häufige Vorkommen berücksichtigt werden muß.

Denn es steht fest, daß das Heu aus den Marschen und Flußniederungen des nördlichen Deutschlands eine ganz andere Zusammensetzung zeigt, als die Heusorten der mittleren und der noch höher gelegenen südlichen Teile des Reiches. Außerdem unterscheidet man aber auch noch in den einzelnen Gegenden unter den dort vorkommenden Heu-

---

[1] Adolf Mayer, Journal für Landwirtschaft, Berlin 1884, Jahrg. 32, S. 185 u. ff.: „Zur Schätzung der Heusorten auf analytischem Wege".

arten die oben angeführten verschiedenen Qualitäten und dadurch entsteht eine so große Mannigfaltigkeit, daß kaum Vergleiche zwischen den Heusorten der einen Gegend mit denen einer anderen angestellt werden können. Denn es sprechen hierbei nicht nur die verschiedenen Bodenverhältnisse, das Klima, die Witterung und die Regenmengen mit, sondern auch der Düngerzustand, und ob die Wiesen ein oder mehrere Mal im Jahre bewässert werden können.

Ferner wird die Qualität des Heues sehr stark beeinflußt durch die kürzere oder längere Wachstumsperiode, durch die Zeit, wann der Einschnitt erfolgt ist, und durch die Art und Weise der Werbung, sowie deren Dauer.

Man kann von einer sonst gleichmäßigen Wiesenfläche in verschiedenen Jahren doch verschiedene Qualitäten Heu ernten; denn es können, je nach der Witterung, in einem Jahre die längeren Gräser, in dem darauf folgenden Jahre die mittleren Gräser oder die Kleearten und andere Kräuter vorherrschen, und wird davon der Wert des Heues abhängen bei sonst guter Werbung.

Aus diesem Grunde kann man auch nicht auf solchen Flächen stets ein und dieselbe Qualität Heu ernten, für welche man die besten Gras- und Kräutersamen selbst in angemessener Weise gewählt, gemischt und ausgesät hat.

Bei dieser Mannigfaltigkeit kann sich das praktische Urteil im Einzelfalle leicht irren; werden aber viele derselben über einen und denselben Gegenstand kombiniert und daraus der Durchschnitt gezogen, so ist dies das einzige und relativ beste Mittel, um etwas Klarheit in die Verhältnisse zu bringen, welche bei der Beurteilung des Heues zu berücksichtigen sind. Denn es ist wohl anzunehmen, daß das praktische Urteil einer ganzen Gegend hinsichtlich des Wertes der dort vorkommenden Heusorten nicht ganz und gar fehlgehen kann.

Es bieten sich ja Anhaltspunkte genug, nach welchen die Güte einigermaßen zu bestimmen ist, obgleich die feineren Unterschiede nicht leicht erkannt werden können. So weiß z. B. wohl jeder Landwirt, daß das Heu, in welchem Schachtelhalm (Equisetum) vorkommt, auf Rinder leicht schädlich wirkt, von Pferden aber (ohne Nachteil) gefressen wird.

Auch sind Heusorten, welche viel Wiesenbocksbart (Tragopogon jocatensis), Kälberkropf (Chacrophyllum) oder Halbgräser, wie Seggen (Cyperus), Carex- und Juncusarten oder viele sonstige, weniger gute Pflanzen enthalten, zu den schlechteren zu rechnen, während Herbstzeitlose (Colchicum auctumnale), Schierling (Conium) und andere Pflanzen geradezu schädlich werden können.

III. Ergebniss aus den Untersuchungen von I und II.

Aus den in Abschnitt I und II angestellten Untersuchungen ergiebt sich für die Marktpreise des Heues und deren Verwendbarkeit für landwirtschaftliche Berechnungen, kurz zusammengefaßt, folgendes Resultat:

1. Die Marktpreise des Heues gehen weder parallel mit den Preisen der durch Verfütterung des Heues an die landwirtschaftlichen Nutztiere erzielten Produkte, speziell mit den Preisen von Butter und Rindfleisch, noch parallel mit den Preisen der hauptsächlich angebauten Getreidearten Roggen und Hafer, noch parallel mit den Preisen der Handelsfuttermittel. Dagegen zeigt sich eine viel größere Parallelität zwischen den Preisen von Getreide, Rindfleisch, Butter und Handelsfuttermitteln.

Die Preise des Heues sind im Verhältnis zu den Preisen von Rindfleisch und Butter von 1821—30 bis zur Gegenwart, geringe Schwankungen abgerechnet, fortdauernd gesunken, während die Preise von Roggen und Hafer einerseits, Rindfleisch und Butter andererseits in ihrem Verhältnis zu einander, sich um einen Mittelpunkt bewegten; in einigen Jahrzehnten standen die Preise der einen, in anderen Jahrzehnten die Preise der anderen Gruppe relativ höher.

2. Die von den Preisen der übrigen genannten Produkte abweichende Gestaltung der Heupreise läßt sich schon konstatieren für längere Zeitperioden und räumlich ausgedehnte Gebiete; in viel höherem Grade zeigt sich aber diese Differenz, wenn man die Vergleichung für kürzere Zeiträume und räumlich eng begrenzte Gebiete vornimmt.

3. Die Heupreise zeigen innerhalb desselben räumlichen Gebietes erheblich **größere Schwankungen** als die Preise von Getreide und tierischen Produkten.

4. Im Durchschnitt sind die **Marktpreise des Heues** höher, als dem **landwirtschaftlichen Gebrauchswerte** desselben entspricht. Die **Ursachen** für die abweichende Gestaltung der Heupreise liegen darin, daß auf dieselben Umstände einwirken, welche bei den Preisen der übrigen landwirtschaftlichen Produkte nicht in Betracht kommen, u. a. namentlich darin, daß von dem Gesamterzeugnis an Heu nur ein sehr kleiner Teil verkauft werden kann, während die größte Masse in den das Heu produzierenden Wirtschaften verwendet werden muß und daß die Nachfrage nach Heu auf dem Markte alljährlich ziemlich die gleiche ist, während die Menge des Erzeugnisses in den einzelnen Jahren sehr schwankt.

5. Die Marktpreise des Heues werden durch die in den einzelnen Gegenden und Jahren sehr wechselnde Qualität desselben in hohem Grade beeinflußt; in welchem Maße dies geschieht, läßt sich in festen Zahlen nicht zum Ausdruck bringen, da wir weder sichere Merkmale für die Beurteilung der einzelnen Heuqualitäten besitzen, noch auch wissen, für welche Quantitäten die bezahlten Marktpreise Gültigkeit haben.

6. Die unter 1—5 aufgeführten Thatsachen nötigen zu dem Schluß, daß die Marktpreise des Heues in der Regel keinen sicheren Anhalt bieten, um danach andere nicht marktgängige, landwirtschaftliche Produkte, wie Stroh, Grünfutter u. s. w. zu bewerten, oder danach den Wert von Handelsfuttermitteln zu bestimmen, oder dieselben überhaupt landwirtschaftlichen Berechnungen zu Grunde zu legen.

7. Lassen die hier angestellten Untersuchungen es immer noch als möglich erscheinen, daß in einzelnen Gegenden, wo die Nachfrage nach Heu und der Handel mit demselben sehr ausgedehnt, das Erzeugnis an Heu dagegen verhältnismäßig gering ist, die Marktpreise einen Maßstab für die landwirtschaftliche Bewertung des Heues abgeben können. — Solches wird der Fall sein, wenn die Heupreise dauernd in einem

ziemlich gleichen Verhältnis zu den Preisen von Fleisch Butter und Brotgetreide stehen und gleichzeitig dem landwirtschaftlichen Gebrauchswerte des Heues ungefähr entsprechen. — Ob und inwieweit dieses für einige Gegender des deutschen Reiches zutrifft, kann erst durch eine besondere Untersuchung festgestellt werden.

In Betreff des letzten Punktes sei noch kurz hervorgehoben, daß behufs Anstellung von Ertrags- und Kostenberechnungen die Anwendung der Marktpreise des Heues überhaupt nur für solche Landwirte in Frage kommen kann, welche sich in der günstigen Lage befinden, das ganze von ihnen erzeugte Heuquantum zu dem Marktpreise verkaufen zu können. Dies mag in einzelnen Fällen, in der Nähe großer Städte oder in Bezirken mit einer ungewöhnlich starken industriellen Bevölkerung oder mit starkem Fremdenverkehr vorkommen.

Für die bei weitem größte Mehrzahl der landwirtschaftlichen Betriebe Deutschlands trifft dies aber nicht zu; diese sind darauf angewiesen, das erzeugte Heu zum größten Teile oder auch vollständig in der eigenen Wirtschaft zu verwenden. Wollten sie dasselbe der Hauptmasse nach oder vollständig zum Verkauf bringen, so würden sie entweder überhaupt keinen Absatz finden oder die Heupreise würden so sinken, daß der Verkauf unvorteilhaft wäre.